DAS BENTO
LUNCH BUCH

Anregungen, Tipps und Rezepte für jeden Tag

Illustriert und geschrieben von Cam Tu Nguyen
www.bento-lunch-blog.de

Inhaltsverzeichnis

Was ist Bento?

Kurz und knapp: Bento sind japanische Lunchboxen. Diese gibt es in vielen verschiedenen Arten. Ich möchte insbesondere die alltägliche, selbst gepackte Bentobox thematisieren, welche man in die Schule, zum Studium, zur Arbeit oder zu Ausflügen mitnimmt. Wie unterscheiden sie sich von normalen deutschen Pausenboxen? Sind sie gesünder? Sind sie besser? Was ist der Unterschied?

Um diese Fragen zu beantworten, muss man etwas weiter ausholen. Der Begriff Bento beschreibt die Art, in der das Essen arrangiert und präsentiert wird. Verschiedenste Speisen werden in einer Box zusammen gepackt. Getrennt werden sie durch Schieber und Schälchen. Die Box selber bezeichnet man ebenfalls als Bento oder eben als Bentobox. Das klingt zuerst nicht gerade weltbewegend.

Beim Packen einer Bentobox oder allgemein einer Lunchbox nach Bento-Philosophie gilt: **So viele unterschiedliche Speisen wie möglich einzupacken, die sich vor allem in ihrem Geschmack, ihrer Konsistenz und ihren Farben unterscheiden.** Man hat auf kompaktesten Raum viele verschiedene Häppchen, die dann zusammen ein großes Ganzes ergeben. Das Essgefühl ist ähnlich wie bei einem 5-Gänge-Menü. Man isst von jeder Speise nur eine kleine Portion und am Ende wird man durch die Summe aller Speisen satt.

Auch die Ästhethik spielt eine große Rolle. Das Auge isst mit! Dies ist in Japan nicht nur bei Bentoboxen der Fall. Washoku, die traditionelle japanische Küche, wurde im Dezember 2013 von der UNESCO zum Weltkulturerbe ernannt. Dabei wurde vor allem auf die Besonderheiten der japanischen Neujahrsspeisen hingewiesen, welche wiederum eine Form von Bento sind. Osechi Ryori, das traditionelle Neujahrsbento.

Traditionell besteht eine japanische Mahlzeit aus einer Schale Reis, Fisch als Hauptgericht, mehreren Beilagen, einer Suppe und eingelegtem Gemüse. Anders als in der westlichen Küche werden alle Speisen in einzelnen Schalen und Schälchen serviert. Das bedeutet, dass jede Person am Tisch mindestens fünf oder mehr Schälchen vor sich liegen hat. Sitzen vier Personen am Tisch gibt es viermal so viel Geschirr.

Die Optik des Geschirrs ist dabei ebenso wichtig, wie die der Speisen. Beides wird aufeinander abgestimmt. Japanisches Geschirr ist sehr farbenfroh und innen gemustert. Die Speisen sind so darin angerichtet, dass nie das komplette Dekor verdeckt wird.

5 Farben, 5 Geschmacksnoten, 5 Zubereitungsarten

Viele Japaner glauben: Wenn man über den Tag verteilt so viele verschiedenfarbige und unterschiedlich zubereitete Dinge zu sich nimmt, ist auch garantiert, dass man den täglichen Nährstoff- und Vitaminbedarf abdeckt. Und genauso, wie Japaner ihre Speisen zuhause zu sich nehmen wollen, möchten sie dies auch unterwegs tun. Daraus entwickelte sich das Bento. Es vereint die verschiedenen Speisen optisch ansprechend in einer einzigen Box.

Die Vielfalt war für mich der ausschlaggebende Punkt, wieso ich mit Bento anfing. Wenn ich mir früher eine Lunchbox zusammengestellt habe, war es meistens ein einziges Gericht, zum Beispiel ein Nudelgericht vom Vortag. Dieses füllte ich in eine große Frischhaltedose um und machte nichts weiter daran.

Würde man nach der Bentomethode sein Mittagessen zusammen stellen, so gäbe es etwas vom Nudelgericht, dazu ein bisschen Gemüse oder Obst, ein paar Würstchen oder Hackbällchen, ein paar Kekse und ein Stück Schokolade. Man erkennt sicherlich den Unterschied. Anstatt einer großen Nudelportion gibt es eine handvoll Leckereien, die zusammen genauso satt machen.

Im Vergleich zu einer normalen Brotdose ist Bento nicht unbedingt gesünder, da es immer auf den Inhalt ankommt. **Sicherlich ist es aber so, dass man abwechslungsreicher und bewusster isst, wenn man nach der Bento-Philosophie zusammenstellt.** Deswegen kann man auch eine normale Brotdose nach dem Bentoprinzip füllen und damit eine bunte, ausgewogene und vollwertige Mahlzeit zubereiten.

5 Farben (go shiki)

Traditionell müssen in einer japanischen Mahlzeit die Farben Rot, Grün, Gelb, Schwarz und Weiß enthalten sein. Diese Farben sollen dabei möglichst natürlich und kräftig sein. Künstliche Farbstoffe sollten vermieden werden. Bei Bento ist es ähnlich, allerdings wird das nicht so streng gesehen. Hauptsache man hat am Ende ein ausgewogenes, ansprechendes Essen.

5 Geschmacksnoten (go mi)

Salzig, sauer, süß, bitter und scharf sind die fünf Geschmacksnoten, die nach dem Washoku-Prinzip in einer Mahlzeit enthalten sein müssen. Es müssen nicht fünf verschiedene Gerichte sein, denn in vielen Speisen sind mehrere Geschmacksnoten enthalten.

Beispiele wären die typische Süßsauer-Soße oder eine Vinaigrette. Unter bitter kann man auch herb verstehen. Einen bitteren oder auch herben Geschmack finden wir im Rosenkohl und im Rucola- und Endiviensalat.

5 Zubereitungsarten (go ho)

Gekocht, gegrillt, frittiert, gedämpft und roh waren die fünf Zubereitungsarten, die man im frühen Japan kannte. Mittlerweile hat man auch noch weitere Garmethoden wie Braten, Backen, Einmachen bzw. Einlegen, Rösten und Dörren zur Auswahl. Es ist also relativ einfach, fünf verschiedene Zubereitungsarten in eine Mahlzeit zu integrieren.

Umeboshi, Chili, Rote Bete, Tomate, Apfel, Erdbeere, Kirsche, Wasser-melone

Brokkoli, Salat, Edamame, Gurke, Kräuter, Grüner Spargel, Spinat, Avocado, Trauben

Ei, Käse, Senf, Curry, Pasta, Mais, Kartoffeln, Takuan, Banane, Mango, Zitrone

Sesam, Nori, Oliven, Bohnen, Shiitake, Pfeffer, Sojasoße, gegarte Aubergine

Reis, Zwiebeln, Mayonnaise, Tofu, Mozzarella, Feta, Sprossen, Kohl, helles Fleisch

Brezeln, Nüsse, Cracker, Sojasoße, Käse, Fleisch

Salat, Zitrone, eingelegtes Gemüse, Ananas, Süßsauersoße

Süßigkeiten, Obst, Ketchup, Tamago-yaki, Teriyakisoße, Preiselbeeren

Bittergurke, Rosenkohl, Rucola, Endivie

Chili, Pfeffer, Cayennepfeffer, Curry

blanchiertes Gemüse, Nudeln, Kartoffeln, Eintopf, Eier, Reis

Frikadelle, Steak, gegrillter Fisch, Omelette, Pfannengerichte, Gratin

Schnitzel, Fisch-stäbchen, Korokke (japanische Kro-ketten), Tempura

Teigtaschen, Reis, Gemüse, Fisch

Gemüse, Obst, Kräuter, Sprossen

Chili Pak Choi

Farbe: *Grün*
Zubereitung: *gebraten*
Geschmack: *salzig, scharf*

Tomaten

Farbe: *Rot*
Zubereitung: *frisch*
Geschmack: *süß*

Panierte Nuggets

Farbe: *Gelb und Braun*
Zubereitung: *frittiert*
Geschmack: *salzig, herzhaft*

Rosenkohl

Farbe: *Grün*
Zubereitung: *blanchiert*
Geschmack: *bitter*

Reis
Farbe: *Weiß*
Zubereitung: *gekocht/gedämpft*
Geschmack: *neutral*

Lachs
Farbe: *Rosa*
Zubereitung: *gekocht*
Geschmack: *salzig*

Umeboshi-Furikake
Farbe: *Lila, Schwarz, Rot*
Zubereitung: *getrocknet*
Geschmack: *sauer, salzig*

Der Aufbau eines Bento

Eine typische Bentoregel besagt, dass man die Box im Verhältnis 4:2:1 befüllen soll. Also vier Teile Kohlenhydrate (Reis, Nudeln oder Brot), zwei Teile Proteine (Fleisch, Fisch oder Tofu) und jeweils ein Teil andere Zutaten wie Gemüse oder Obst. **Beachtet man diese Regel, so gilt: Volumen in Mililiter = Kalorienanzahl der kompletten Mahlzeit.**

Aus diesem Grund wird in vielen Onlineshops das Gesamtvolumen der Box in Milliliter angegeben. **Wer bereits eine japanische Bentobox in Händen gehalten hat, ist erstmal verwundert.** Die Box sieht zunächst sehr klein aus im Gegensatz zu normalen Lunchboxen. Die Fotos täuschen. Da in der Box so viele verschiedene Dinge enthalten sind, erwartet man auch eine dementsprechend große Box.

Ich vergleiche Bento gerne mit einem belegten Baguette oder einer Packung Fertiggericht. Diese Speisen haben eine vergleichbare Größe. Im Gegensatz zu einem Teller, wo das Essen optisch nach mehr aussieht, ist es im Bento kompakt angeordnet. Das Auge nimmt es als weniger wahr. In unserer normalen Brotbox kullern oft Brötchen und ein Apfel herum. Wir sind im Alltag optisch große Portionen gewöhnt.

Die komplette Bentobox muss so dicht gepackt werden wie möglich, damit die angerichteten Speisen nicht herumpurzeln und alles an seinem Platz bleibt. Das ist so auch viel platzsparender und man muss keine riesige Box mit sich schleppen. Viele Bentoboxen sind so entworfen, dass sie problemlos in normale Handtaschen oder Akten-koffer für die japanischen Businessmänner und -frauen passen.

Diesbezüglich kann man sich an folgende Richtwerte halten (gilt für eine Mahlzeit):
Frauen: 550 bis 700ml
Männer: 800 bis 900ml
Kinder: unter 500ml

Mittlerweile gibt es auch Bentoboxen, die speziell auf europäische Esser ausgerichtet sind. Diese haben meist das Volumen von 1000ml. Mehr muss wirklich nicht sein, sonst ist die Box schwieriger zu befüllen. Man bekommt sie nie so voll gepackt, damit auch nichts verrutscht.

1 Teil Gemüse

2 Teile Proteine

1 Teil Obst

4 Teile Kohlenhydrate

Schritt für Schritt zum eigenen Bento

Um mit Bento anzufangen benötigt es nicht viel. Die folgenden Kapitel beschreiben chronologisch die verschiedenen Stationen, welche man beim Zubereiten einer Bentobox durchläuft.

Zuerst wird eine **passende Box** ausgewählt. Dann befüllt man sie zu einem Teil mit **Kohlenhydraten** und überlegt sich, mit welcher Methode man die verschiedenen **Beilagen** voneinander trennen möchte. Diese platziert man nun zusammen mit den **Essenstrennern** in die Box. Die dabei eventuell entstandenen kleinen Freiräume schließt man anschließend mit **Lückenfüllern**. Details bekommt man durch verschiedene **Toppings** und zuletzt wird die Lunchbox **richtig verpackt**, sodass sie den Transport übersteht und bis zum Verzehr appetitlich bleibt.

Das Bento ist kein neuartiger Trend aus Japan, sondern eine langjährige japanische Tradition mit hohem kulturellen Wert. Bis heute ist es wichtiger Bestandteil des dortigen alltäglichen Lebens.

Viele Beispiele in diesem Buch sind stark an die authentisch japanische Lunchbox angelehnt. **Es ist allerdings nicht schlimm, wenn man seine Box nicht komplett mit japanischen Speisen befüllen möchte oder kann. Bei Bento geht es nicht um einzelne Zutaten, sondern um die Philosophie, die dahintersteckt.**

Aus diesem Grund werde ich zahlreiche Variationen und Alternativen zeigen, sodass man mit wenigen Zutaten und auch ohne japanische Box und Zubehör eine optisch ansprechende und inhaltlich ausgewogene Mahlzeit nach Bento-Philosophie erstellen kann.

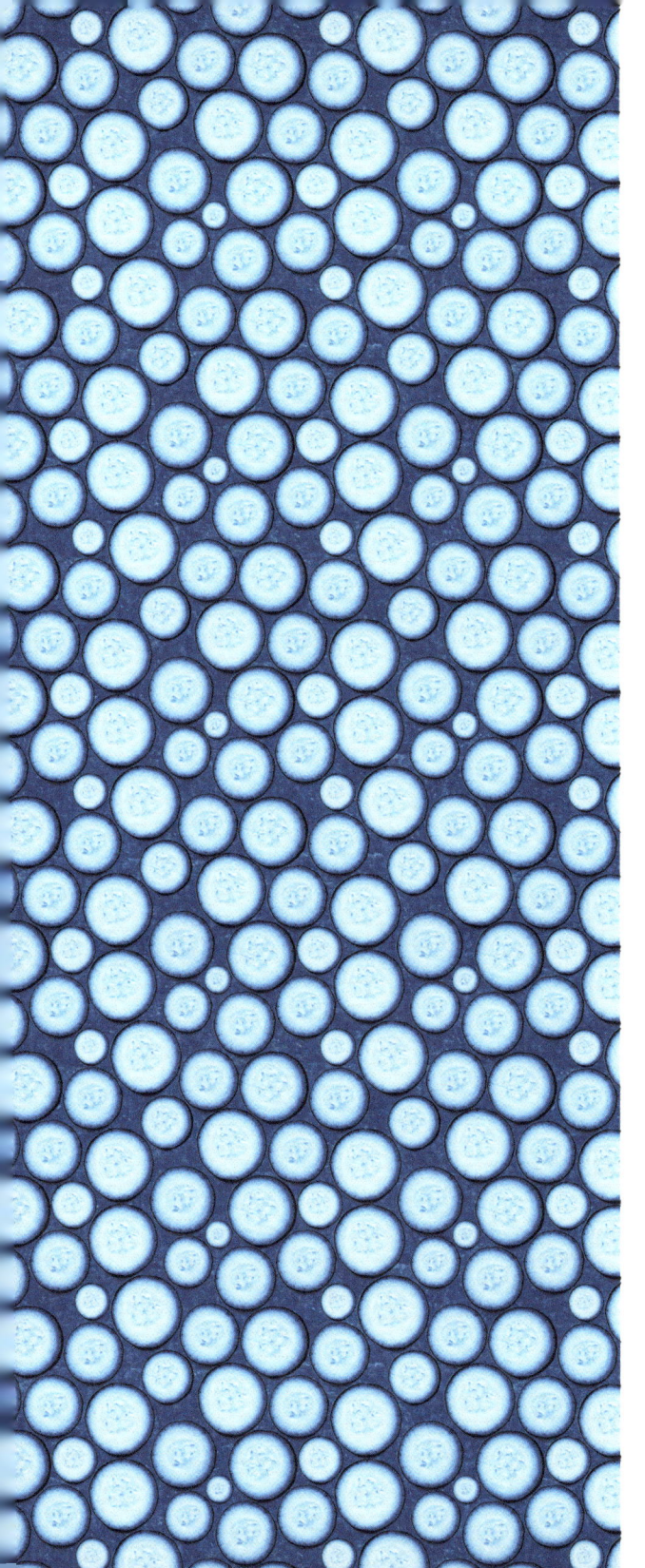

Die Wahl der Bentobox

Bentoboxen gibt es in vielen Größen, Farben und Formen. Einige sind für spezielle Speisen gedacht, während andere wahre Allrounder sind. Es ist daher wichtig zu wissen, worauf man achten muss, um die passende Box zu finden.

Aufbau einer Bentobox

Am Beispiel einer zweistöckigen Bentobox (two-tier bento) möchte ich den besonderen Aufbau einer Bentobox erklären.

Bei zweistöckigen Boxen gibt es logischerweise auch zwei Schälchen, in denen das Essen transportiert wird. In diesem Fall ist die untere Schale die größere der beiden. Sie ist üblicherweise für den Reis bestimmt. Die zweite Schale ist zugleich der Deckel für die untere. In ihr finden die weiteren Beilagen Platz und sie wird mit einem biegsamen, weißen Kunststoffdeckel verschlossen. Darauf kommt dann der eigentliche Bentodeckel, der oft mit einem schönen Dekor verziert ist. Bei einigen Modellen findet man zwischen dem elastischem Kunststoffdeckel und dem Bentodeckel einen kleinen Hohlraum für Stäbchen oder kleine Snacks.

Wer generell weniger Kohlenhydrate essen möchte, benutzt einfach den kleineren Behälter für Reis und den größeren Behälter für Beilagen.

Einen speziellen Verschluss gibt es nicht. Gehalten wird die Bentobox mit einem Gummiband oder einem Tuch, im Japanischen „Furoshiki" genannt. Es gibt durchaus Boxen mit Klippverschluss, von denen ich eher abrate. Geht der Verschluss kaputt, wird die ganze Box unbrauchbar.

Wenn man eine Bentobox mit zwei unterschiedlich großen Schälchen gekauft hat, kann man das kleinere Schälchen nach dem Verzehr des Inhalts in die größere Schale stecken. Hierfür dreht man das kleinere Schälchen einfach um und die Box nimmt nicht mehr so viel Platz in der Tasche weg.

Tipp: Wer eine normale Pausendose nutzen möchte, sollte darauf achten, dass sie nicht zu hoch (maximal 5-7 cm) und nicht zu groß (maximal 1000 ml im Volumen, besser etwas weniger) ist. Anders als wir es kennen, werden Bentoboxen sehr eng gepackt. Die Box wird wirklich bis an die Decke gefüllt, damit auch nichts verrutschen kann.

Bentobox-Formen

Ähnlich wie bei Geschirr sollte die Form, Farbe und das Material einer Bentobox stets mit in die Gestaltung des Bento einfließen. **Richtig angewendet können Form und Farbe der Box den Inhalt optisch unterstützen und noch mehr zur Geltung bringen.**

Nicht jede Box kann gleich gepackt werden. Je nach Form, Material und Farbe können einige Dinge berücksichtigt werden, damit das Endergebnis ansprechend aussieht und keine unnötigen Freiräume entstehen. Denn je mehr Freiraum man nach dem Befüllen der Box hat, desto weniger Essen hat man in seiner Box und Einzelteile können durcheinander geraten.

Natürlich ist es Jedem selbst überlassen, wie er seine Box packt und manchmal muss es einfach schnell gehen, sodass man nicht auf alles achten kann. Ein paar Tipps sind trotzdem ganz hilfreich und man wird ja auch mit der Zeit routinierter und schneller, sodass man nicht mehr lange über solche Dinge nachdenken muss.

  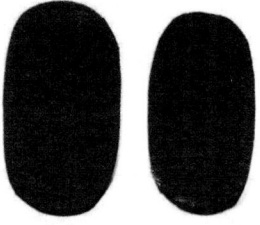

Diese zweistöckige Bentobox ist rechteckig mit abgerundeten Ecken. Die rechteckige Form kommt sehr häufig vor, ist universell und lässt sich dadurch mit etwas Übung sehr einfach und schnell packen.

Längliche Bentoboxen sind am einfachsten zu packen. Die meisten Beilagen können einfach nebeneinander gereiht werden und es sieht gut aus.

Ovale Boxen sind etwas schwieriger zu packen. Runde Silikonförmchen oder allgemein runde Lebensmittel wie kleine Brötchen oder Reisbällchen eignen sich am besten, um die Rundungen zu füllen. Ansonsten kann man noch auf Lückenfüller zurückgreifen.

Komplett runde Boxen sind wiederum etwas einfacher zu packen. Am besten sieht es aus, wenn die Beilagen wie z. B. Fleisch oder Gemüse schräg überlappend liegen und nicht komplett senkrecht in der Box stehen. So kommen die Speisen besser zur Geltung, da man mehr von ihnen sieht.

Quadratische Boxen findet man eher selten, außer bei großen Jubako (also Picknickbentoboxen für mehrere Personen). Entweder man packt alle Speisen ebenfalls sehr geordnet, wie die Box selbst oder man versucht die Gleichmäßigkeit aufzubrechen.

Dreistöckige Boxen sind oft sehr schmal und wirken auf den ersten Blick klein. Durch diese hohe schmale Form passen sie in Aktenkoffer und sind somit die idealen Begleiter für Büromenschen. Für so eine Box müssen alle Speisen sehr klein geschnitten werden, weshalb das Befüllen länger dauern kann.

Einstöckige Bentoboxen sind meistens oval oder rechteckig und breit. Sie sind praktisch und gehen schnell zu packen. Allerdings lassen sich die Speisen nicht so gut voneinander trennen. Süßes mit Deftigem nebeneinander zu packen ist zwar möglich, aber schwieriger.

Dreieckige Boxen sind meistens Onigiriboxen. Sie sind speziell für den Transport von einem oder mehreren japanischen Reisbällchen gedacht. Sie sind meist doppelstöckig. Im unteren Fach ist Platz für Beilagen, Snacks oder zusätzliches Nori und Furikake zum Würzen des Reisbällchens.

Es gibt zahlreiche Bentoboxen mit Sonderformen. Boxen in Form von Katzen, Autos oder Zügen sind vor allem für Kinder gedacht und haben deswegen nur ein geringes Volumen. Es gibt aber auch traditionelle Formen wie Sakurablüten, Glückskatzen oder Goldfische, die für Erwachsene zugeschnitten sind.

Das Material der Bentobox

Bei der Wahl einer geeigneten Bentobox sollte man auch das Material beachten. Je nach Beschaffenheit der Bentobox hat man gewisse Vor- und Nachteile, die man immer im Hinterkopf behalten sollte.

Holzboxen unterstützen durch ihre Natürlichkeit die Optik der Speisen am besten. Der dezente Geruch des Holzes verbindet sich mit den Speisen und gibt ihnen noch eine zusätzliche Note. Traditionelle Bentoboxen aus Holz sind sehr teuer, da sie handverarbeitet sind. Sie sind mit einem besonderen Lack behandelt und aufwendig verziert. Schlichtere Holzboxen sind günstiger und daher besser für den alltäglichen Gebrauch geeignet.

Holzboxen müssen vorsichtiger als andere Materialien behandelt werden, da sie bei falscher Pflege und Lagerung schnell kaputt gehen können. Man sollte sie nur kurz in warmem Wasser ausspülen und immer komplett durchtrocknen lassen. Direktes Sonnenlicht sollte vermieden werden, da sich die Feuchtigkeit zu schnell verflüchtigen und das Holz aufspringen kann. Bei unlackierten Holzboxen sollte man feuchte Speisen vermeiden oder sie mit Foodcups vom Holz trennen.

Bei Metallbentoboxen unterscheidet man zwischen Edelstahl und Aluminium. **Edelstahlboxen sind sehr robust und eine gute Alternative, wenn man auf Kunststoff verzichten möchte.** Dafür sind sie schwerer und nur selten mehrstöckig. Aluminiumboxen gelten in Japan als retro, da sie hauptsächlich bis in den 80er-Jahre benutzt wurden. Für viele Japaner sind bunt bedruckte Aluminiumboxen eine schöne Kindheitserinnerung. Vorsicht! Solche Aluboxen sind meist sehr klein und eher auf Kinderportionen zugeschnitten.

Kunststoffbentoboxen sind heutzutage am einfachsten zu bekommen. Es gibt sie in den verschiedensten Farben und Formen. Während Kinderboxen farbenfroh sind, kommen Bentoboxen für Erwachsene elegant daher. Es gibt auch Bentoboxen, die ein modernes westliches Design besitzen.

Auch wenn bei vielen Kunststoffboxen steht, dass sie spülmaschinenfest sind, würde ich sie trotzdem mit der Hand waschen. Ohne den biegsamen Kunststoffdeckel kann man die meisten bedenkenlos in der Mikrowelle erwärmen.

> **Tipp:** *Wer den Duft des Zedernholzes nicht mag, taucht die Bentobox für eine Weile in eine große Schüssel mit Wasser und 1-2 EL Essig. Danach ausspülen und trocknen lassen.*

Kunststoffboxen gehören mittlerweile zum Standard. Die meisten Bentoboxen für Erwachsene sind aus schwarzem Kunststoff. Das soll den Look von edlem Lackgeschirr imitieren.

Roter Lack wird oftmals auf der Innenseite von Bentoboxen angebracht. Diese Lackiermethode ist sehr traditionell. Man findet sie sowohl bei Holz– als auch bei Kunststoffboxen.

Viele unbehandelte Holzboxen sind aus Zedernholz gefertigt. In einigen Fällen sind sie auch mit Klarlack behandelt, sodass die Holzmaserung besser zu sehen ist. Lackierte Boxen sind außerdem leichter zu pflegen, als unbehandelte Boxen.

Vor allem in Amerika sind Metallboxen sehr beliebt. Viele haben feste Unterteilungen und sind daher etwas einfacher zu packen, als die meisten japanischen Metallboxen. Dafür sind sie viel größer und nicht ganz so kompakt.

Traditionelle Onigiri– und Sandwichbento sind aus geflochtenem Bambus gefertigt. Sie sind luftig und verhindern, dass die Brötchen durchweichen. Bambusboxen sind schwieriger zu bekommen. Alternativ gibt es Sandwichboxen, die aus einem Kunststoffgitter bestehen.

Kohlen-
hydrate

Damit man satt wird, sollte das Bento ausreichend Kohlenhydrate enthalten. Traditionell japanisch wird es mit Reis gefüllt. Das ist aber längst nicht alles, denn es gibt noch zahlreiche Alternativen.

Reis

Reis ist das Hauptnahrungsmittel in Asien und somit in japanischen Bentoboxen oft vertreten. **Die meisten Bentoboxen sind auf das Packen von Reis ausgelegt.** Es gibt sehr viele unterschiedliche Reissorten und nicht alle eignen sich für Bento. Der Reis sollte klebrig genug sein, um ihn mit Stäbchen essen zu können. Deswegen eignen sich Basmatireis oder Parboiled-Reis nicht so gut.

In Japan benutzt man für alle Gerichte gewöhnlicherweise den japanischen Rundkornreis. Diesen findet man in Deutschland vor allem unter der Bezeichnung „Sushireis" oder „Japanischer Klebreis". **Die Bezeichnung Klebreis ist hier tatsächlich falsch, denn richtiger Klebreis hat ein mattes Korn, wird immer gedämpft und vor allem für Süßspeisen verwendet.**

Japanischen Reis sollte man bei Gerichten wie Sushi oder Onigiri nicht durch eine andere Reissorte ersetzen, weil er ausschlaggebend für die Konsistenz und den Geschmack ist. Nach meiner persönlichen Erfahrung eignet sich Jasminreis ebenfalls sehr gut für Bento, da er locker, aber trotzdem klebrig ist. Außerdem ist er kostengünstiger als Sushireis.

Tipp: Wer viel Reis verzehrt, kauft ihn am besten im Asialaden. Dort bekommt man größere Mengen zu günstigeren Preisen.

Japanisches Rundkorn

Diese Reissorte ist sehr klebrig, weshalb
sie gut mit Stäbchen zu essen ist.
Japanischer Reis glänzt nach dem
Kochen leicht. Wer mag, kann auch
Vollkorn-Rundkornreis nehmen. Die
Schale ist bei diesen Reiskörnen noch
erhalten.

Jasminreis

Jasminreis hat ein sehr blumiges
Eigenaroma, weshalb diese Reissorte
auch Duftreis genannt wird. Dieser Reis
wird in Ländern wie China, Vietnam
oder Thailand verwendet und ist meistens das, was man hier in Deutschland
beim Asiaimbiss von nebenan oder im
Chinarestaurant bekommt.

Jasminreis kann man in verschiedenen
Qualitätsstufen kaufen, je nachdem
wieviel ganze Körner enthalten sind.

Wie koche ich Reis richtig?

Anders als Nudeln kocht man Reis mit einer abgestimmten Wassermenge, sodass das Wasser am Ende komplett von den Reiskörnern aufgenommen wird.
Bei den meisten Reissorten nimmt man für einen Teil Reis einfach das 1,5fache an Wasser. Man kann diese Regel für alle gängigen Reissorten wie Jasminreis, Basmatireis und auch japanischen Rundkornreis benutzen. Reis, der schon länger offen rumsteht, ist trockener und benötigt einen kleinen Tick mehr Wasser.

Es ist wichtig, dass der Reis vorher gewaschen wird. Die Stärke, die man dabei wegwäscht ist nicht verantwortlich für die Klebrigkeit des Reiskorns. Der Reis bleibt klebrig, egal wie oft man ihn wäscht. Durch das Wegwaschen der äußeren Stärkeschicht erzielt man ein besonders definiertes Reiskorn. Das schmeckt nicht nur besser, sondern sieht auch besser aus.

Besonders japanischer Rundkornreis muss sehr gründlich gewaschen werden, damit man die optimale Konsistenz erreicht.

Japanischer Rundkornreis

Zutaten für 2 Personen:

1 Tasse Reis

1,5 Tassen Wasser

1 Stück Kombu-Alge (optional)

Schritt 1: *Reis abmessen und in den Topf geben. Den kompletten Topf mit kaltem Wasser füllen und den Reis mit der Hand in kreisenden Bewegungen waschen, damit sich die Stärke lösen kann.*

Schritt 2: *Das trübe Wasser vorsichtig ausschütten. Wiederholt mit Wasser füllen und den Reis waschen. Dies macht man ungefähr fünf Mal, bis das Wasser klar ist und ein letztes Mal ausgeschüttet wird.*

Schritt 3: *Den nassen Reis lässt man nun mindestens 30 Minuten quellen. Auf diese Weise wird er besonders luftig und locker.*

Schritt 4: *Nach der Quellzeit gibt man das abgemessene Wasser hinzu und kann den Reis nun kochen. Für mehr Aroma gibt man ein Stück Kombu auf den Reis. Es wird nicht mitgegessen, sondern nach dem Kochen wieder entfernt.*

Jasminreis

Zutaten für 2 Personen:

1 Tasse Reis

1,5 Tassen Wasser

Schritt 1: *Reis abmessen und in den Topf geben. Den kompletten Topf mit kaltem Wasser füllen und den Reis mit der Hand in kreisenden Bewegungen waschen, damit sich die Stärke lösen kann.*

Schritt 2: *Das trübe Wasser vorsichtig ausschütten. Alles wiederholt mit Wasser füllen und den Reis waschen. Insgesamt reicht es hier, wenn man den Reis drei Mal wäscht. Das Wasser muss nicht glasklar sein. Nach dem letzten Ausschütten des Wassers nun die richtige Wassermenge hinzufügen. Der Reis kann gekocht werden.*

Zubereitung im Topf: *Topf mit Reis und Wasser bei geschlossenem Deckel erhitzen, bis es zu kochen anfängt. Nach ungefähr fünf Minuten auf niedrigste Hitze stellen und 15 Minuten köcheln lassen. Danach den Herd abstellen und 15 Minuten ruhen lassen. Erst dann Deckel öffnen und den Reis mit einem angefeuchteten, großen Holzlöffel auflockern.*

Zubereitung im Reiskocher: *Reistopf in den Reiskocher legen und den Deckel darauf setzen. Den Knopf zum Kochen runterdrücken und warten. Nach einiger Zeit springt der Knopf wieder hoch. Der Reis ist aber zu diesem Zeitpunkt noch nicht fertig! Deckel geschlossen halten und mindestens 10 bis 15 Minuten quellen lassen. Danach kann der Reiskocher ausgeschaltet werden. Erst dann Deckel öffnen und den Reis mit einem angefeuchteten, großen Holzlöffel auflockern.*

Tipp: *Ein Reiskocher ist praktisch, wenn man gerne und oft Reis isst. Dabei reichen bereits preiswerte Geräte aus Supermärkten vollkommen aus.*

Einfache Reisrezepte

Am schnellsten geht es, wenn man den weißen Reis pur in die Box packt. Die Meisten streuen noch ein wenig Furikake darauf, mehr braucht es eigentlich nicht. **Damit mehr Abwechslung entsteht kann man den frischgekochten Reis mit unterschiedlichen Zutaten mischen.**

Je nach Zubereitungsart kann man Zutaten ohne weiteres Erhitzen in den Reis geben und vermengen. Manchmal schmeckt es besser, wenn man das Ganze kurz in der Pfanne anbrät, um alle Aromen zu entfalten. Eine weitere Methode ist das Mitgaren im Reiskocher. Der rohe Reis wird einfach nach dem Waschen mit weiteren Zutaten gemischt und anschließend gekocht.

Sojasoßenreis

Zutaten für 2 Portionen:

1–2 Schalen Reis

1 EL Sojasoße

1/2 EL gerösteter Sesam

Pfeffer

Diese Kombination ist einfach und schmeckt lecker! Die Zutaten werden nur mit dem Reis vermischt und nicht weiter erhitzt. Wer daraus ein Bratreisgericht machen möchte, gibt etwas zerhackten Knoblauch und ein paar Tropfen Sesamöl in die Pfanne. Frische Frühlingszwiebeln oder Schnittlauch eignen sich gut als Topping.

Ketchupreis

Zutaten für 2 Portionen:

1–2 Schalen Reis

3 EL Ketchup

Butter

2 EL Mais

Salz und Pfeffer

In Japan verwendet man sehr oft Ketchup als Würzmittel für Bentogerichte. Alle Zutaten kann man in rohem Zustand einfach mit gekochtem Reis vermischen und so in die Box geben. Lecker schmeckt dieses Gericht auch in der Pfanne gebraten. Alternativ zu Reis kann man Pasta verwenden. Etwas gehackte Petersilie passt hier ebenfalls gut.

Curryreis

Zutaten für 2 Portionen:

1–2 Schalen Reis

1/2 TL Currypulver

2 EL Erbsen

Salz und Pfeffer

Am besten bereitet man dieses Gericht in der Pfanne zu, da Curry erst durch Hitze und Öl sein volles Aroma entfaltet. Mit etwas mehr Gemüse und einem Schuss Kokosmilch bekommt man noch mehr Geschmack und Farbe.

Karottenreis

Zutaten für 2 Portionen:

1–2 Schalen Reis

1 geraspelte Karotte

1/2 geraspelte Zwiebel

Sojasoße

Pfeffer

Butter oder Olivenöl

Das geraspelte Gemüse wird in einer Pfanne mit Butter weich gebraten und mit Sojasoße und Pfeffer gewürzt. Anschließend wird es mit dem Reis vermischt. Alternativ kann man das Gemüse auch in der Mikrowelle weich garen, würzen und dann vermischen.

Erbsenreis

Zutaten für 2 Portionen:

1–2 Schalen Reis

2 EL gegarte grüne Erbsen

Butter

1 TL gerösteter Sesam

Salz

Alle Zutaten mit frisch gekochtem heißem Reis vermengen. Anstatt grüner Erbsen kann man auch Edamame (junge Sojabohnen), andere Bohnen oder Mais verwenden.

Kürbisreis

Zutaten für 2 Portionen:

1–2 Schalen Reis

3 EL gekochter Kürbis

Kräuterbutter

Frühlingszwiebeln

Salz und Pfeffer

Kürbis gar kochen oder grillen und in warmem Zustand mit den Kräutern, Gewürzen und der Butter vermischen. Anschließend mit dem Reis vermengen. Auch mit Süßkartoffeln lässt sich dieses Gericht sehr gut umsetzen.

Wie packe ich Reis ins Bento?

Der Reis ist die Basis der Lunchbox. Somit nimmt die Art und Weise, wie der Reis gepackt wird sehr viel Einfluss auf die Gesamtoptik des späteren Bento. **Je nachdem wie der Reis gepackt ist, ordnen sich alle weiteren Zutaten unter.**

Man kann das Ganze etwas mehr aufbrechen und somit lebendiger gestalten, indem man ein paar Elemente in den Reisbereich hineinragen lässt oder auf dem Reis platziert.

Es ist ratsam die Box aus einer Perspektive zu befüllen, ohne sie ständig zu drehen. **Auf diese Weise tut man sich leichter und das Bento erhält eine besonders zeigbare Schokoladenseite.**

Eine klassische, häufig genutzte Aufteilung und am besten geeignet für einstöckige Bentoboxen. Durch die geraden Kanten wirkt sie manchmal etwas starr und damit wenig aufregend.

Dieses Bild zeigt eine weitere Variante für einstöckige Boxen. Sie ist perfekt, wenn man viele eher gleichmäßig große Beilagen hat, da man sie schön untereinander platzieren kann.

Durch die Schräge wird das Gesamtbild etwas aufgelockert und interessanter gemacht. Diese Aufteilung eignet sich gut für unterschiedlich große Beilagen. Die Kante kann besonders große, lange Objekte wie z. B. ein Lachsfilet optisch unterstreichen, wenn man es direkt an der Kante platziert.

Diese Aufteilung ist sehr geometrisch und wahrscheinlich etwas schwieriger zu befüllen.

Bei zweistöckigen Boxen befüllt man oft einen Teil komplett mit Reis. Die Beilagen werden getrennt im zweiten Schälchen arrangiert. Einstöckige Boxen kann man auch komplett mit Reis füllen. Die Beilagen legt man dann direkt auf den Reis.

Diese Form sieht man eher selten. Trotzdem ist es eine optisch interessante Aufteilung und sollte ruhig öfters ausprobiert werden!

Auch Reisbällchen lassen sich prima in normalen Boxen platzieren. Am interessantesten wirken sie, wenn sie diagonal in der Box arrangiert werden. Die Lücken kann man gut mit kleinen Lückenfüllern wie Salat oder Brokkoli füllen.

Zylinderförmige Reisbällchen arrangiert man am besten gleichmäßig nebeneinander. Auch Sandwiches kommen so besser zur Geltung.

Dreieckige Onigiri lassen sich einfach liegend in eine normale flache Bentobox packen. Dabei kann man sehr schön mit deren Formen spielen.

Shiso-Reis

Dieser Reis wurde mit Furikake aus rotem Shiso vermischt. Es verleiht dem Reis eine natürliche Farbe und zusätzlich einen erfrischenden Geschmack.

Viele Bestandteile werden kleiner geschnitten und überlappend arrangiert wie z. B. hier die Gurken. Die Oberfläche des Bento wirkt durch die leichten Höhenunterschiede lebendiger. Oft werden Beilagen schräg angeschnitten, wie z. B. die Omelettrolle. Präsentiert werden sie mit der schrägen Seite dem Betrachter zugewandt, so sieht dieser das Essen nicht nur flach von der Seite.

Soßenfläschchen

In diesem Fläschchen befindet sich etwas Soße, um das Tempura zu würzen.

Nori-Tamagoyaki

Anleitung auf Seite 82

Wurstblume

Anleitung auf Seite 112

Onigiri

Onigiri oder auch Omusubi sind japanische Reisbällchen. Diese können gefüllt oder ungefüllt sein und werden oft mit Nori umwickelt. Onigiri und Sushi sind zwei verschiedene Dinge, obwohl sie ähnlich aufgebaut sind.

Das erklärt sich durch ihren unterschiedlichen Ursprung. Beim Onigiri bildet der Reis das eigentliche Nahrungsmittel, welches zu Bällchen geformt wurde, um auf Reisen besser transportiert und verzehrt werden zu können. Anders bei Sushi. Um Fisch länger frisch zu halten, ummantelte man ihn mit angesäuertem Reis. Daraus ist später Sushi entstanden. **Es ist also falsch, wenn man Reis für Onigiri mit der typischen Sushi-Essigmischung würzt. Die Reisbällchen werden nur leicht gesalzen.**

Authentische Onigiri sollte man auf jeden Fall mit japanischem Rundkornreis zubereiten. Am besten schmecken sie mit frisch gekochtem Reis. Dieser sollte noch warm sein, dann sind sie schön saftig. Beim Formen eines Onigiri ist es sehr wichtig den richtigen Druck auszuüben. Drückt man zu fest, verdichtet sich der Reis und wird glitschig. Drückt man zu schwach, so besteht die Gefahr, dass das Reisbällchen auseinander fällt.

Onigiri mit der Hand formen

Zutaten für 2 Personen:

frisch gekochter warmer Reis

1-2 TL Salz

1 Schüssel Wasser

Schritt 1: *Reis nach Geschmack würzen. Die Hände mit dem salzigen Wasser nässen. Man kann auch eine zusätzliche Prise Salz auf die Hand geben. Nun eine Reisportion (ungefähr 3 EL) Reis auf die Hand geben.*

Schritt 2: *Möchte man nun das Reisbällchen füllen, macht man eine Mulde in den Reis und gibt dort ungefähr 1 – 2 TL Füllung hinein.*

Schritt 3: *Jetzt gibt man noch mal 1 EL Reis auf die Füllung und versucht mit dem restlichen Reis alles zu umschließen. Mit stetigem Druck wird ein Dreieck, ein Bällchen oder ein Zylinder geformt.*

Onigiri mit dem Reisformer formen

Reisformer sind spezielle Förmchen aus Kunststoff oder Holz. Damit lassen sich perfekte Reisbällchen in allen möglichen Formen herstellen. Wenn man gefüllte Onigiri zubereiten möchte, sind Reisformer ideal dafür.

Zutaten für 2 Personen:

Reisformer

frisch gekochter warmer Reis

etwas Wasser

Nori nach Belieben

Schritt 1: *Das Reisförmchen nässen und zur Hälfte ganz locker mit Reis füllen. Dann den Reis etwas hineindrücken.*

Schritt 2: *Möchte man nun das Reisbällchen füllen, macht man eine Mulde in den Reis und gibt dort 1 – 2 TL Füllung hinein.*

Schritt 3: *Jetzt gibt man noch mal etwas Reis auf die Füllung, um sie zu bedecken. Nun den Deckel vom Reisförmchen darauf legen und gut zusammendrücken.*

Schritt 4: *Das Reisbällchen nun vorsichtig von dem Förmchen lösen. Viele Reisförmchen haben auf der Rückseite eine kleine Klappe, mit der man den Reis einfach herausdrücken kann.*

Schritt 3: *Zum Schluss umhüllt man noch einen Teil des Reisbällchens mit etwas Nori.*

Onigiri mit Klarsichtfolie formen

Diese Technik erlaubt es, sehr individuelle Reisbällchen zu formen. Sie wird vor allem bei der Herstellung von Charaben eingesetzt, bei der man niedliche Figuren aus Reis formt. Die Folie schützt auch vor verklebten Händen. Es wird empfohlen, erkalteten Reis für diese Methode zu nehmen, da sonst Kondenswasser entstehen kann. Dies macht den Reis schnell matschig.

Zutaten für 2 Personen:

etwas Klarsichtfolie

frisch gekochter, erkalteter Reis

Schritt 1: *Ein Stück Klarsichtfolie in ungefähr der Größe eines DIN-A4-Blattes abreißen und auf die Hand oder auf den Tisch legen.*

Schritt 2: *Eine Portion Reis (ungefähr 3 EL) in die Mitte der Folie setzen.*

Schritt 3: *Möchte man nun das Reisbällchen füllen, macht man eine Mulde in den Reis und gibt dort 1 bis 2 TL Füllung hinein.*

Schritt 4: *Jetzt gibt man noch 1 EL Reis auf die Füllung und versucht mit dem restlichen Reis alles zu umschließen. Dabei bündelt man die Klarsichtfolie zusammen. Das Reisbällchen kann nun mit stetigem Druck in eine beliebige Form gebracht werden.*

Schritt 5: *Man kann das Reisbällchen entweder in der Folie lassen und transportieren oder von der Folie lösen und weiterverarbeiten.*

Rezepte für Onigirifüllungen

Ähnlich wie bei einem belegten Brötchen kann man auch Reisbällchen mit allerlei leckeren Zutaten befüllen. Die traditionellen japanischen Füllungen sind z. B. Umeboshi, Bonitoflocken, gesalzener Lachs, gekochter Fischrogen oder Tsukemono (eingelegtes Gemüse).

Heutzutage gibt es weit mehr Auswahl. Karaage, Tempura oder Hackbällchen in Onigiri sind keine Seltenheit mehr. **Einige Kombinationen sind so beliebt, dass sie zu Klassikern unter den Onigirifans geworden sind.** Selbstverständlich kann man auch seine eigene Füllung kreieren. Die Füllung sollte dabei möglichst würzig und nicht zu flüssig sein.

> **Tipp:** *Speisen mit Mayonnaise sollte man im Sommer am besten kühlen. Wasabi oder salzig-sauer eingelegtes Gemüse kann ebenso helfen, alles frischer zu halten.*

Thunfisch-Mayo-Füllung

Diese Füllung ist ein Klassiker und zählt zu einer der beliebtesten Füllungen in Japan. Die Kombination ist einfach, aber doch genial. Am besten schmeckt dieses Rezept, wenn man japanische Kewpie-Mayonnaise verwendet.

Zutaten für 2 Personen:

1/2 Dose Thunfisch

2 – 3 EL Mayonnaise

Salz und Pfeffer

1/2 TL Wasabipaste (optional)

Schritt 1: *Thunfisch vom Saft oder Öl leicht ausdrücken und in eine Schale geben.*

Schritt 2: *Alles mit Mayonnaise vermischen und mit Salz und Pfeffer nach Geschmack abschmecken. Es sollte eine würzige, nicht zu flüssige, Mischung ergeben.*

Teriyaki-Lachs-Füllung

Diese Variante kann man auch mit Teriyaki-Hühnchen oder Teriyaki-Tofu machen. Das Teriyaki muss hierfür nicht frisch zubereitet werden. Am einfachsten ist es, wenn man davon eine größere Menge vorher für Mittag- oder Abendessen zubereitet und einen Teil für Onigiri am nächsten Tag abzwackt.

Zutaten für 2 Personen:

4 EL Teriyaki-Lachs

1 EL Frühlingszwiebeln

1 EL gerösteter Sesam

Schritt 1: *Teriyaki-Lachs **(Rezept auf Seite 80)** mit einer Gabel grob zerpflücken. Falls vorhanden noch etwas von der Teriyakisoße unterrühren.*

Schritt 2: *Frühlingszwiebeln in feine Ringe schneiden. Alternativ ist auch Schnittlauch möglich. Das Ganze zusammen mit dem Lachs und dem gerösteten Sesam vermischen.*

Miso-Auberginen-Füllung

Misopaste ist würzig und dickflüssig, weshalb sie sich gut zum Würzen von Onigirifüllungen eignet. Für dieses Rezept kann man auch anderes Gemüse verwenden, wie z. B. Karotten oder grüne Bohnen.

Zutaten für 2 Personen:

3 EL Miso-Aubergine

1 EL Frühlingszwiebeln

1 EL gerösteter Sesam

Schritt 1: *Miso-Aubergine **(Rezept auf Seite 89)** mit einer Gabel grob zerdrücken.*

Schritt 2: *Frühlingszwiebeln in feine Ringe schneiden. Alternativ ist auch Schnittlauch möglich. Das Ganze mit Sesam und den Auberginen vermischen.*

Schritt 3: *Zusätzlich kann man noch Mayonnaise untermengen.*

Onigiri mit Nori

Bei Nori handelt es sich um getrocknete, geröstete Meeresalgen, die man zu dünnen Blättern gepresst hat. Die meisten Leute kennen Nori wahrscheinlich von Sushi. Dort wird der Reis ebenfalls mit Nori ummantelt.
Allgemein essen Japaner auch ihren losen Reis gerne mit Nori. Man nimmt sich einfach ein Stückchen Nori, gibt eine kleine Portion Reis darauf und führt es in den Mund.

Bei den Onigiri hat Nori auch einen praktischen Nutzen. Es sorgt dafür, dass man sich beim Halten des Reisbällchen nicht die Finger klebrig macht. Je nach Norimenge, die man verwendet, hilft diese Verpackung auch das Reisbällchen in Form zu halten. Der Reis kann nicht mehr auseinanderfallen.

Nori wird aber auch gerne zur Verzierung und wegen der Optik benutzt, es gibt einen schönen Kontrast und wirkt sehr dekorativ.

Diese Form ist die bekannteste Methode, wie man ein Reisbällchen mit Nori umwickeln kann. Ein Streifen Nori wird einfach um den unteren Teil des Dreiecks gelegt. Es sieht auch bei runden Onigiri sehr hübsch aus.

Macht man den Streifen auf allen drei Seiten, so erhält man diese schöne Form. Sie ist nicht so populär, dafür aber trotzdem sehr schön.

Bei dieser Methode wird ein ziemlich breiter Streifen Nori um das Onigiri gelegt. Die Ecken, die oben überstehen kann man, wenn man es frisch serviert, stehen lassen. Ansonsten werden sie einfach links und rechts eingeklappt.

Ein Streifen Nori am Rand wird am liebsten dann verwendet, wenn man die Füllung noch sehen soll. Dies macht man z. B. gerne mit Umeboshi oder Hackbällchen. Diese werden einfach nur in den Reis gedrückt.

Diese Variante ist für Nori-Liebhaber. Auf diese Weise wird der Reis am besten geschützt und die Füllung kann nicht so leicht auslaufen.

Eine weitere sehr dekorative Art, um ein rundes Onigiri zu ummanteln. Die Schräge macht das Ganze sehr appetitlich. Es lädt direkt zum Hineinbeißen ein.

Dieser Noristreifen ist einfacher auf Reistalern anzubringen als auf richtigen Kugeln.

Diese Form erinnert ein wenig an Temari. Das sind kunstvoll bestickte traditionelle Spielbälle aus Japan. Die dünnen Noristreifen lassen das Onigiri besonders elegant und fein wirken.

Bei dieser Variante kann man sich kreativ austoben. In das Nori wird einfach eine Form geschnitten. Danach wird das Algenblatt um das Reisbällchen gewickelt und das Muster wird durch den Reis sichtbar.

Ein dicker Streifen Nori in der Mitte macht besonders zylindrische Onigiri appetitlich. Solche breiten Noristreifen kann man zum Verzieren von nahezu jeder Speise verwenden. Tamagoyaki, Würstchen oder Hackbällchen werden ebenfalls gerne mit Noristreifen umwickelt.

Bei dieser Variante ähnelt das Reisbällchen einem Paket oder einem Geschenk. Die dünnen Streifen dienen vor allem der Optik. Durch die klaren Linien wirkt das Ganze sehr grafisch und ansprechend.

Statt einem dicken Balken kann man auch mehrere dünne Streifen verwenden. Ähnlich wie beim vorherigen Beispiel dient diese Variante vor allem der Ästhetik.

Yaki-Onigiri

Gebratene oder gegrillte Onigiri sind außen knusprig und innen saftig. Normalerweise haben Yaki-Onigiri keine Füllung. Sie bestehen nur aus schlichtem Reis, werden allerdings mit einer Soße bepinselt, welche die benötigte Würze gibt. Wer mag, kann sie gerne mit Füllung machen. Das Gericht eignet sich auch wunderbar für Grillabende.

Zutaten für 2 Personen:

gekochter, erkalteter Reis

1/2 EL Öl

Miso-Marinade:

1 EL Misopaste

1 EL Mirin

1 TL Zucker

1 EL geröstetes Sesamöl

1/2 TL Dashipulver (optional)

Sojasoßen-Marinade:

1 EL Sojasoße

1 EL geröst.Sesamöl (optional)

1/2 EL Sesam (optional)

Schritt 1: *Den Reis (am besten vom Vortag) in Taler oder Dreiecke formen. Dabei die Hände immer wieder in Salzwasser tauchen, damit er nicht an den Fingern klebt.*

Schritt 2: *Die Reisbällchen blank auf den Grill legen und auf beiden Seiten knusprig rösten. Alternativ geht es auch in der Pfanne mit etwas Öl. Auch in einem Backofen mit Grillfunktion gelingt das gut.*

Schritt 3: *Marinade mit einem Pinsel auf die gerösteten Onigiri streichen und nochmals kurz weiterrösten. Nicht zu lange, da sie sonst verbrennt. Sofort servieren oder für das Bento abkühlen lassen.*

Mirin
· japanischer süßer Kochwein

Dashipulver
· japanische Brühe
· Fischflocken und Algen

Tipp: *Man kann Onigiri auch in Toppings wälzen oder aus gewürztem Reis formen! Mehr dazu auf Seite 104 und 30.*

Onigiri

*Diese Onigiri wurden mit
Sojasoße und Schnittlauch
gewürzt und mit Lachs gefüllt.*

Rezept auf Seite 41

Sushigras

*Das Sushigras dient hier vor
allem als farblicher Trenner
zwischen den bräunlichen
Onigiri und der roten Box.
Die gleiche Funktion hat der
Salat als farbliche Trennung.*

Reisbällchen isst man normalerweise mit der Hand als Fingerfood.
In Bentoboxen gepackt kann man sie auch einfach mit den Stäbchen
oder einem Löffel zerteilen und aus der Box essen.

Gemüsestäbchen

*Fischstäbchen oder Gemüse-
stäbchen lassen sich am platz-
sparendsten packen, wenn man
sie mit der schmalen Längsseite
nach unten legt.*

Dreierlei Onigiri

*Der Reis wurde vorher mit
Furikake vermischt. Zusätzlich
sind die Onigiri unterschiedlich
gefüllt.*

Rezepte auf Seite 40

Diese Box ist speziell für dreieckige Onigiri ausgelegt.
Sie bietet Platz für mindestens drei Reisbällchen. Dass auch
hier Beilagen sehr wichtig sind, sieht man an dem mitge-
führten Plastiktrenner. Er ist dazu da, genügend Platz für
weitere Beilagen zu schaffen.

Weintrauben

Diese Weintrauben wurden sehr eng nebeneinander eingepackt, weil diese Box höher ist. Alle Beilagen sind so dicht nebeneinander gepackt, sodass sie nicht rausfallen können, selbst wenn man die Box auf den Kopf dreht.

Würstchen

Kleine Würstchen sind sehr beliebt im Bento. Sie schmecken auch kalt noch gut und man kann sie dekorativ schneiden.

Tipps auf Seite 84

Runde Onigiri

Diese Onigiri wurden mit der Hand in runde Taler geformt. Gefüllt sind sie mit Thunfisch-Mayonnaise.

Rezept auf Seite 40

Frischer Dill

Kräuter sind super Lückenfüller, die das Bento frischer und appetitlicher aussehen lassen.

Hohe Boxen sind gut für Onigiri geeignet. Am einfachsten ist es, wenn man den Inhalt von solch hohen Boxen mit Salat auspolstert. In dem hier gezeigten Beispiel ist das eine Salat- mischung aus Rucola, Mangold und Blattsalat. Das verhindert, dass die kleinen Beilagen in der Box untergehen und zu viel Freiraum zum Deckel entsteht. Es ist auch empfehlenswert, die einzelnen Happen der Höhe der Box anzugleichen, indem man sie etwas höher schneidet als sonst.

Hackbällchen in Soße

Rezept auf Seite 81

Tamagoyaki

Rezept auf Seite 82

Brot

Es ist in Japan durchaus üblich auch Brot ins Bento zu packen. Die japanischen Brotsorten unterscheiden sich allerdings ein wenig von den deutschen. **Am liebsten wird sehr weiches und fluffiges Brot verzehrt. Selbst die Kruste ist im Vergleich zu den meisten deutschen Brotsorten sehr weich.** Generell ist dunkles Brot sehr selten in Japan. Dafür verwendet man lieber verschiedene Arten von Weißbrot und Milchbrötchen.

Für die Bentobox ist das nicht ganz so wichtig, denn man kann so gut wie jede Brotsorte benutzen, die einem schmeckt. Am besten eignen sich eckige, flache Brotsorten. Sie sollten kompakt und stabil genug sein um sich belegen und schneiden zu lassen. Sie sollten weich sein, damit man sie zusammendrücken kann, um z. B. mehr in eine Box zu bekommen. Sehr beliebt ist das Kastenweißbrot. Das bekommt man entweder als Toastscheiben oder im Ganzen. Runde Brote wie Bagel oder Fladenbrote sind ebenfalls gut geeignet.

Der Trick liegt darin, dass man die Brote nicht einfach so wie sie sind in die Box legt und gegebenenfalls nur aufeinander stapelt. **Man packt sie eher nebeneinander. Die Brote müssen dabei kleiner geschnitten werden, als man es normalerweise tut, damit sie in die Boxen passen.** Sie wirken wie kleine Häppchen, ergeben aber zusammengesetzt trotzdem immer noch dasselbe große Brot. Hinzu kommen dann wieder verschiedene kleine Beilagen, damit man mehr Abwechslung hat.

Brote sollte man generell sehr eng packen, damit sie nicht von selber auseinander fallen und der Belag sich in der kompletten Box verteilt. Damit man die Brote später leichter aus der Box bekommt, wird ein rechteckiges Stück Butterbrotpapier darunter gelegt, sodass die Ecken hervorstehen. Diese kann man später einfach greifen und die Brote aus der Box heben.

> **Tipp:** *Für Brot gibt es sehr viel Bentozubehör. Brotpuncher stanzen niedliche Formen aus dem weichen Brot heraus und können das Ganze sogar zu kleinen Kissen versiegeln. Es gibt auch praktische Brotstanzer, die Motive aus einer Toastscheibe nahtlos herausstanzen können. Gleichzeitig wird auch die Brotrinde weggeschnitten. Das kommt vor allem bei Kindern gut an. Alternativ kann man auch große Keksausstecher verwenden.*

Toastbrot wird am häufigsten für Sandwiches benutzt. Es eignet sich wegen seiner eckigen Form super für Bento.

Tramezzino eignen sich noch besser für japanische Brotbento. Das Weißbrot aus Italien ist viel weicher und hat keine Kruste. Damit funktionieren die meisten Brotpuncher am besten.

Bagel werden ebenfalls gerne verwendet. Durch die flache Form passen sie in die meisten runden Bentoboxen. Der Teig ist sehr kompakt und macht besser satt als ein normales Brötchen.

Runde Weizentoastbrötchen sind ebenfalls gut geeignet. Sie lassen sich schnell zubereiten und sind wegen ihrer Textur eine gute Abwechslung zum weichen Toastbrot.

Mischbrote, die aus Brotlaiben geschnitten wurden, sind durch ihre Form nur bedingt für Bentoboxen geeignet. Man muss mehr wegschneiden, um das Brot in die geeignete Form zu bekommen. Mit Keksausstechern ist es eventuell möglich, gleich große Teile zu bekommen.

Dunkle Brote mit harter Kruste sind ebenfalls seltener in Bentos zu finden. Die Form ist einfach zu unregelmäßig. Bei solchen Brotsorten eignen sich normale Brotdosen oder Sandwichboxen besser.

Tolle Sandwich-Kombinationen

Bei einem belegten Brötchen sollte man zu feuchte Zutaten vermeiden. Zum Beispiel ist es ratsam, Tomaten zu entkernen, damit sie nicht alles aufweichen. Für noch mehr Geschmack empfiehlt es sich, alles am Ende nochmal zu pfeffern und zu salzen. Der Unterschied ist wirklich enorm!

Damit die Brotscheiben besser aneinander haften, sollte man sie immer mit einer Soße oder Butter bestreichen. Nach dem Belegen ist es außerdem ratsam, das Brot nochmals fest anzudrücken (und auch mal für kurze Zeit mit etwas zu beschweren). So wird alles platzsparender und man bekommt mehr in eine Box.

Avocado-Zitrone

Sandwich in folgender Reihenfolge belegen:

Olivenöl

Avocado, in Scheiben

ordentlich Zitronensaft

Zwiebelscheiben

Salz

Dieser Belag passt zu allen Brotsorten, ob dunkel oder hell. Ich esse diese Kombination auch sehr gerne zum Frühstück mit ein paar Cocktailtomaten.

Camembert-Traube

Sandwich in folgender Reihenfolge belegen:

Camembert

Trauben, halbiert

Walnüsse, gehackt

Petersilie, gehackt

Pfeffer

Anstelle von Trauben kann man auch süße Apfel- oder Birnenscheiben benutzen.

Lachs-Mayo

Sandwich in folgender Reihenfolge belegen:

Lachs mit Mayo vermischt

Gebackener Camembert

Salat

Ketchup

Perfekt für die Resteverwertung! Man kann hierfür gebratenen, gegrillten oder gekochten Lachs nehmen. Einfach zekleinern und mit Mayonnaise mischen. Statt gebackenem Camembert kann man alles mögliche Panierte nehmen.

Tonkatsu
- paniertes Schnitzel

Korokke
- gekochtes Fleisch / Gemüse / Meeresfrüchte
+ gestampfte Kartoffeln / Bechamelsauce
→ paniert

Kürbis-Antipasti

Sandwich in folgender Reihenfolge belegen:

Gekochter Kürbis, zerdrückt

Antipasti-Gemüse

Feta, zerdrückt

Salat

Salz und Pfeffer

Den zerdrückten Kürbis kann man mit Mayonnaise oder Frischkäse vermischen. Für das Antipasti einfach Auberginen, Zucchini und Tomaten grillen oder in der Pfanne braten.

Korokke-Kraut

Sandwich in folgender Reihenfolge belegen:

Tonkatsu-Soße

Weißkraut, feine Streifen

Korokke oder Tonkatsu

Ketchup

Typischerweise wird dieses Gericht (Korokke-Pan) in einem Hotdog-Brötchen serviert. Zu Weißbrot eignet es sich aber auch gut. Die Korokke sollte man der Länge nach halbieren, damit das Brot nicht zu dick wird.

Pesto-Tomate

Sandwich in folgender Reihenfolge belegen:

Pesto

Tomaten, entkernt

Zitronensaft

Koriander, gehackt

Salz und Pfeffer

Der Koriander macht diese Kombination interessant. Er passt erstaunlich gut dazu! Am besten zu dunklem Brot oder Ciabatta.

Wurst-Senf

Sandwich in folgender Reihenfolge belegen:

Butter

Wurst, geschnitten

Senf, süß oder mittelscharf

Schnittlauch, gehackt

Gurken, in Scheiben

Besonders lecker schmeckt diese Kombination mit dunklem, würzigem Brot.

Gorgonzola-Chutney

Sandwich in folgender Reihenfolge belegen:

Gorgonzola

Tomaten, entkernt

Chutney

Koriander, gehackt

Pfeffer

Kürbis-Ingwer-Chutney passt gut dazu, aber man kann nehmen, was einem schmeckt.

Radieschen-Rucola

Sandwich in folgender Reihenfolge belegen:

Frischkäse

Radieschen, in Scheiben

Kürbiskerne, geröstet

Rucola

Salz und Pfeffer

Man kann anstelle von Kürbiskernen auch Sonnenblumenkerne oder Pinienkerne verwenden.

Vor allem große Toastscheiben werden von vielen gerne gedrittelt, damit das Sandwich von der Höhe her in die niedrigen Bentoboxen passt. Die Bentoboxen sind meistens so ausgelegt, dass immer noch Platz für weitere Beilagen ist. Man sollte nicht vergessen, dazwischen einen Essenstrenner wie z. B. Salat oder Butterbrotpapier zu legen, damit das Brot nicht durchweicht.

Kleine Toastbrote halbiert man am besten, damit sie in die
Box passen. Dabei werden sie vertikal in der Box platziert.
Durch das Aufschneiden wird außerdem der Belag sichtbar.
Das sieht besonders lecker aus.

Viertelt man ein Brot, so passt es sogar in die dünnen, länglichen Bentoboxen hinein. Hierfür braucht man ein besonders scharfes Messer, damit das Brot sauber geschnitten wird und nicht an einigen Stellen einreisst oder der Belag verrutscht.

Runde, flache Brote werden meistens halbiert. Auf diese Weise kann man sie platzsparend in eine relativ dünne Box packen. Idealerweise sind diese Boxen aber trotzdem etwas höher. Am besten schafft man sich für Brote gleich eine Sandwich- und Onigiribox an.

Anders als bei Bento mit Reis oder Nudeln braucht man für Brotlunchboxen kein Besteck. Das Essen sollte also möglichst aus Fingerfood bestehen. Da das Brot sehr eng gepackt ist, wird darunter immer ein dünnes Butterbrotpapier gelegt. Die Ecken des Papiers schauen dabei stets an den Seiten hervor. Später kann man sie einfach greifen und die Brote herausheben.

Käsewürfel

Kleine abgepackte Käsewürfel sind die ideale Beilage in einer Brotlunchbox.

Fingerfood

Für Fingerfood reicht oft ein kleiner Piekser, um als Gabel zu fungieren.

Wachspapier

*Für Bento gibt es bunt bedruck-
tes Wachspapier zu kaufen. Man
kann aber genauso gut Butterbrotpapier oder Backpapier
verwenden.*

Tramezzino

*Das Tramezzino-Brot eignet sich
perfekt für Bento. Belegt sind sie
mit Kürbis-Antipasti und
Lachs-Mayo.*

Rezepte auf Seite 54 und 55

Kleine Süßigkeiten und Kekse kann man nochmals einzeln
in Folie packen, falls die Gefahr besteht, dass diese
aufweichen könnten. Manchmal reicht aber auch schon ein
kleines Silikonförmchen zum Trennen aus. Tiefkühlfrüchte
eignen sich nicht gut für Bento, da sie beim Auftauen stark
nässen.

Snacks

*Kleine Kekse, Nüsse und Scho-
kolade sind ideale Snacks und
Lückenfüller und befriedigen den
Heißhunger nach etwas Süßem.*

Essens-trenner

Mit Essenstrennern kann man gleichzeitig trockene und flüssige Speisen zusammen transportieren, ohne dass sie sich vermischen. Die Möglichkeiten sind unendlich und viele Methoden sind einfach aber wirksam.

Foodbaran

Man bezeichnet kleine Schieber, Wände und Blätter, die zur Separation zwischen die Speisen gelegt werden, als Foodbaran. Foodbaran können aus Holz, Silikon, Plastik oder auch aus essbaren Materialien bestehen.

In einem Bento kann man mit Foodbaran z. B. Reis von den Beilagen oder verschiedene Beilagen untereinander trennen, wenn sie sich geschmacklich nicht mischen sollen. Auch optisch sind Foodbaran wichtig, denn sie können ähnlich aussehende Speisen untereinander farblich trennen. Der Inhalt der Box ist für das Auge viel klarer zu erfassen und wirkt dadurch ansprechender.

Das wohl bekannteste Foodbaran ist das Sushigras. Grüne dünne Folie in gezackter Form, welches zwischen Sushi gelegt wird. Die verschiedenen Sushisorten würden sonst nach einer Weile zusammen kleben. **Was viele nicht wissen: Sushigras ist antibakteriell behandelt, damit der Fisch im Sushi länger frisch bleibt.** Sushigras sind Einwegartikel und sollten nicht mehrmals verwendet werden.

Salatblätter eignen sich ebenfalls hervorragend als Trennwand. **Eisbergsalat oder Chinakohl sollte man jedoch vermeiden.** Sie sind sehr blass und wirken dadurch nicht so frisch. Außerdem sind sie unflexibel und schmiegen sich nicht so gut an andere Speisen an.

Standardmäßig ist Sushigras grün. Man bekommt es in verschiedenen Längen, die man dann selbst nach Bedarf kürzen kann. Für Bento gibt es Sushigras sogar in verschiedenen Farben und Mustern.

In Japan benutzt man gerne die Blätter der Shisopflanze als essbaren Foodbaran. Die gezackten Blätter sind dekorativ und schmecken würzig und frisch.

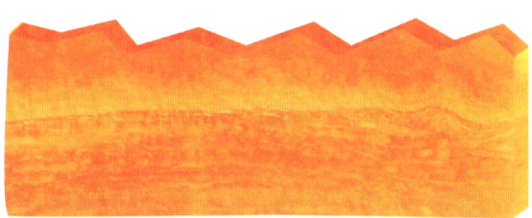

Karottenstreifen sind ebenfalls eine gute essbare Alternative zu Sushigras. Dafür braucht man nur eine große, dicke Karotte und ein scharfes Messer.

Auch mit Gurkenscheiben kann man ganz einfach verschiedene Speisen voneinander trennen. Überlappend aufgestellt ergeben sie eine Wand, die sehr dekorativ ist.

Lollo Biondo

Durch das krause Blatt erhält man mit diesem Salat mehr Details und etwas Verspieltes in sein Bento. Diese Sorte ist im Bento sehr beliebt. Lollo Rosso ist derselbe Salat, nur in rot.

Ein ähnlicher Salat mit ebenfalls sehr filigranen Blättern ist Friséesalat, eine Endiviensorte. Endiviensalat schmeckt oft leicht bitter und ist eventuell nicht Jedermanns Geschmack.

Römersalat

Dieser Salat wird in Supermärkten oft als Salatherz angeboten. Die großen äußeren Blätter sind relativ dick und eignen sich deshalb gut als Foodbaran.

Allerdings ist der untere Teil ziemlich starr. Aus diesem Grund schmiegt er sich nicht so gut an die anderen Speisen an. Am besten schneidet man den unteren, hellen Teil einfach weg.

Eichblattsalat

Dieser Salat ist von der Konsistenz und der Form her sehr weich und anschmiegsam. Er macht sich wunderbar im Bento, ist aber sensibler. Man sollte ihn nicht zu grob anfassen, sonst bekommt er Blessuren, die unschön und nicht so appetitlich sind. Dasselbe gilt auch für Kopfsalat.

Eichblattsalat gibt es in auch in den Farben Rot und in Rot/Grün gemischt.

Battaviasalat

Diese Sorte gibt es in verschiedenen Formen. Battaviasalat ist zwar mit dem Eisbergsalat verwandt, seine Form erinnert allerdings mehr an Kopfsalat.

Es gibt festere Sorten, die sehr robust sind und lange frisch halten. Sie schmecken eher würzig, die zarte Sorte dagegen schmeckt mild und süßlich.

Boxeigene Trenner

Diese Trenner sind beim Kauf einiger Bentoboxen schon mit dabei. Sie lassen sich meistens herausnehmen und individuell verschieben. **Je nachdem, wie man das Bento aufbauen möchte, kann man sie auch weglassen und z. B. durch essbare Trenner ersetzen.**

In Deutschland bekommt man im Supermarkt einige Frischhaltedosen, die ebenfalls mit kleinen Schälchen ausgestattet sind. Diese Dosen sind durchsichtig, haben einen Klippverschluss, sind relativ niedrig und eine gute Alternative zu japanischen Bentoboxen.

Viele Lunchboxen aus Metall kann man ebenfalls mit einer Unterteilung kaufen. Diese kann man aber meistens nicht individuell verrücken.

Tipp: *Auch Essenstrenner sollten nach Möglichkeit bis zum Deckel der Box hinaufreichen und dort abschließen, sonst könnten die Speisen durch die entstandenen Lücken in die benachbarten Abteilungen rutschen und alles durcheinanderbringen. Deshalb eignen sich hochwandige Boxen so schlecht für Bento.*

Solche T-förmigen Trenner findet man bei Holzbentoboxen. Sie sind meist aus dickem Holz gefertigt und lassen sich auch komplett herausnehmen.

Diesen Trenner findet man in vielen einstöckigen Bentoboxen wieder. Er besteht meistens aus Plastik und lässt sich individuell verschieben.

Hierbei handelt es sich um ein Schälchen, dass genau in die Box passt. Das ist praktisch, wenn man Beilagen hat, die mehr Flüssigkeit enthalten.

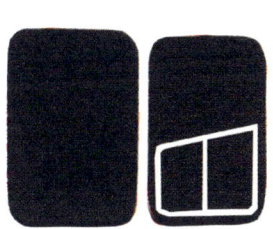

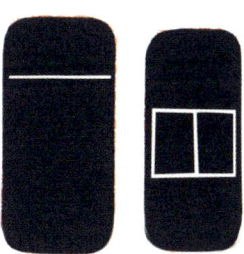

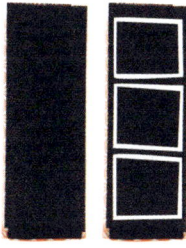

Hierbei handelt es sich ebenfalls um ein Schälchen, welches man herausnehmen kann. Die Form ist angeschrägt, das macht den Aufbau interessanter.

Es gibt natürlich auch Bento-boxen mit mehreren Trennern. In diesem Beispiel ist der Teil mit dem Schieber für den Reis gedacht, der andere Teil mit dem Schälchen für Beilagen.

Drei Schälchen in einer Box sind etwas seltener, aber kommen vor. Sie bestehen meistens aus Plastik oder Silikon und sind individuell entnehmbar.

Weiteres Zubehör

Wenn man erst mal angefangen hat, nach Bentozubehör zu recherchieren, begegnet man bereits nach kurzer Zeit allerlei bunten, kuriosen Dingen, deren Funktionen sich einem nicht wirklich auf den ersten Blick erschließen.

Einiges von diesem bunten Zubehör ist dafür gedacht, niedliche Chareben zu erstellen. Mit dessen Hilfe kann man Figuren aus Reis formen, Herzen aus Wurst und Käse, sowie Gesichter aus Nori stanzen. Sogar gekochte Eier kann man mit passendem Zubehör in Würfel, Bären oder Herzen formen.
Dieses Zubehör ist nicht unbedingt notwendig, aber es kann sehr viel Spaß machen, es zu benutzen und zu sammeln.

Folgendes Zubehör gehört zur Grundausstattung und sollte in keiner Bentobox fehlen. Die meisten Objekte dienen dem Trennen von Essen. Daran erkennt man, dass das Separieren von Speisen ein wichtiger Punkt beim Bentopacken ist.

In **Foodcups** füllt man Speisen, die mit Soße umhüllt sind oder Speisen, die relativ trocken bleiben sollen. Sie können aus Papier, Silikon, Plastik oder Aluminium sein. Papierförmchen sollten innen beschichtet sein, damit sie nicht durchweichen können.

Foodpicks sind kleine Piekser aus Holz oder Kunststoff. Sie sind dekorativ und erlauben es einem, die Speise auch ohne Stäbchen greifen zu können. Echte Bentopiekser sind besonders kurz, damit sie in die flachen Boxen passen.

Soßendöschen sind speziell für Dips wie Ketchup, Mayonnaise oder Barbecue-Soße gedacht. Auf diese Weise verteilt sich nicht alles in der Box.

Soßenfläschchen gibt es in unterschiedlichen Größen und Formen. Mit ihnen transportiert man flüssige Soßen, wie z. B. Salatdressing oder Sojasoße. Befüllen kann man sie mit Hilfe des Unterdrucks. Einfach zusammendrücken, das Fläschchen in die Flüssigkeit halten und wieder loslassen. Die Flüssigkeit wird von selbst in das Fläschchen gesogen.

Foodcups sehen oft so aus wie Muffinförmchen. Das Essen darin wirkt dadurch wie ein kleines Törtchen. Das wirkt sehr niedlich und ansprechend.

Foodpicks für Bento sind extra kurz, damit sie in die flachen Bentoboxen passen. Es gibt auch welche, die wie kleine Gabeln genutzt werden können.
So muss man seinen Obstsalat nicht mit Stäbchen essen.

Soßendöschen sind klein genug, um zusammen mit dem Essen in die Bentobox gepackt werden zu können. Sie sind für Ketchup, Mayonnaise und ähnliche Dips konzipiert.

Das bekannteste Soßenfläsch-chen ist der Sojasoßenfisch. Diesen bekommt man in den meisten Sushi-Restaurants. Speziell für Bento gibt es diese Fläschchen in den unterschied-lichsten Formen und Farben.

Foodcutter sind Ausstecher aus Metall oder Kunststoff. Sie sehen aus wie Plätzchenausstecher, sind aber aber kleiner und fei-ner. Damit lassen sich Motive aus Gemüse, Obst, Käse, Wurst oder Brot ausstechen. Foodcutter für Bento haben oft niedliche oder traditionelle Motive.

Spiegelei

Spiegeleier sollte man durch-
braten, damit das Eigelb nicht
zu schnell schlecht wird. Wegen
dem leuchtenden Weiß sind sie
ideal als Topping für dunklere
Lebensmittel wie Bratreis oder
Nudeln.

Generell sollte man Lebensmittel kombinieren, die zusammen
einen schönen Farbkontrast
ergeben.

Bratpaprika

Schnell gemacht und sehr lecker
sind Bratpaprika. Einfach in der
Pfanne in etwas Öl erhitzen und
mit Salz und Pfeffer würzen.

Bei dieser zweistöckigen Box ist ein kleines Schälchen mitgeliefert, welches nochmals in zwei kleinere Teile unterteilt ist. Schaut man genauer hin, so wird man merken, dass die Aufteilung so wirkt, als wäre alles im goldenen Schnitt. Das ist kein Zufall. Die verschiedenen Speisen sind dadurch besonders ansprechend für das Auge.

Blanchiertes Gemüse

Durch das Blanchieren erhält das Gemüse seine kräftigen Farben. Dadurch wirkt das Bento frisch und fröhlich!

Ketchupnudeln

Nudeln, Couscous, Bulgur oder
Kartoffeln sind eine leckere
Alternative zu Reis und werden
auf ähnliche Weise gepackt.

Rezept auf Seite 30

Um das ölhaltige Bratgemüse von der frischen, knackigen Rohkost zu trennen, wurde hier auf ein Silikonförmchen zurückgegriffen. Es fügt sich perfekt in das Gesamtbild ein.

Currygemüse

Gemüse anbraten, mit Currypulver oder Currypaste würzen und mit etwas Kokosmilch oder Sahne ablöschen. Schnell und lecker.

Cocktailtomate

Kleine Tomaten sind ideale Lückenfüller. Wenn man einen Teil des Strunks dranlässt, sehen sie noch ansprechender aus.

Beilagen

Kleine Speisen, die
zusammen mit Reis
oder anderen Kohlenhy-
draten serviert werden.
Mindestens drei unter-
schiedlich zubereitete
Beilagen (Sidedishes)
sind der Schlüssel für
ein abwechslungsreiches
und sättigendes Bento.

Proteinhaltige Beilagen

Zu den Proteinen zählen Fleisch, Fisch, Eier, Milchprodukte, Sojaprodukte oder Seitan. Manchmal werden auch Hülsenfrüchte wie Linsen und Kichererbsen dazugezählt.

Zusammen mit den Kohlenhydraten machen proteinhaltige Gerichte am meisten satt und sollten deswegen ausreichend in einer Bentobox enthalten sein. Im traditionellen Bento dominieren vor allem Fischprodukte und Fleisch. Mittlerweile findet man auch westliche Zutaten wie Würstchen oder Käse in vielen Bentoboxen wieder.

Teriyaki

Teriyaki ist in Japan ein sehr beliebtes Gericht. Es besteht im Grunde aus gebratenem Fleisch, Fisch, Tofu oder Gemüse, welches in einer besonderen Teriyaki-Soße geschwenkt wird. Die Soße karamellisiert und wird schön glänzend und dickflüssig. Man kann die Grundzutat auch grillen und die Soße dann gegen Ende der Garzeit mit einem Pinsel mehrmals auftragen.

Teriyaki wird meistens mit frisch gekochtem Reis serviert. Als Beilage passen Frühlingszwiebeln, gerösteter Sesam und eingelegtes Gemüse (Tsukemono).

Zutaten für 2 Personen:

Lachsfilet, Hühnchen, Tofu oder

Gemüse nach Hunger

Für die Teriyaki-Soße:

3 EL Sojasoße

3 EL Mirin

3 EL Sake

1 EL Rohrzucker

Schritt 1: *In einer Pfanne etwas Öl erhitzen und die gewünschte Grundzutat anbraten. Fleisch und Gemüse sollten relativ kurz angebraten werden, Tofu kann ruhig knusprig werden.*

Schritt 2: *Sojasoße, Mirin, Sake und Rohrzucker in einem Schälchen miteinander vermischen.*

Schritt 3: *Nun das restliche Öl mit einem Küchenpapier aus der Pfanne entfernen. Nun bei geringer Hitze die Soße über die Grundzutat gießen und leicht köcheln lassen.*
Immer wieder wenden und die Soße mit einem Löffel darüberträufeln, bis sie vollständig eingedickt ist und gleichmäßig am Fleisch, Tofu oder Gemüse kleben bleibt.

Teriyaki - Sauce

· Sojasauce

· Mirin (süßer Kochwein) / Sake

· Zucker / Honig

! geringe Hitze

Soße für Hackbällchen

Diese leckere Soße ist perfekt zum Würzen und Aufpeppen von Hackbällchen, Frikadellen oder Würstchen. Durch das Wenden in der dickflüssigen Soße bekommen sie einen schönen Glanz und trocknen nicht aus.

Zutaten für 2 Personen:

6 kleine Hackbällchen,

Frikadellen oder Würstchen

Ketchup-Soße:

1 EL Ketchup

1 EL jap. Worcestershiresoße

1 Schuss Rotwein (optional)

Schritt 1: Hackbällchen wie üblich zubereiten und braten. Für Bento empfiehlt es sich, mehrere kleine Bällchen zu machen. Würstchen in Bentogröße (also ungefähr so hoch wie die Box) schneiden.

Schritt 2: Ketchup, Worcestershiresoße und Rotwein miteinander vermengen und in einer Pfanne erhitzen.

Schritt 3: Hackbällchen oder Würstchen darin wenden und bei kleiner Hitze so lange köcheln, bis die Konsistenz zähflüssig ist und die Soße glänzt und am Bratgut haften bleibt.

Karaage

Dieses Gericht ist eine sehr beliebte Japanische Hausmannskost und im Grunde mariniertes, frittiertes Fleisch. Die bekannteste Version ist mit Hühnchen. Auch mit Meeresfrüchten wie Calamari oder Tofu schmeckt dieses Gericht gut. Karaage serviert man mit Zitronenscheiben.

Zutaten für 2 Personen:

300g Fleisch, Fisch oder Tofu

1 TL Ingwer, gerieben

2 TL Knoblauch, gerieben

2 EL Sojasoße

2 EL Sake

2 EL Mirin

2 EL Mehl

2 EL Kartoffelstärke

Schritt 1: Die gewünschte Zutat in mundgerechte Stücke schneiden. Tofu sollte man vorher in Küchenpapier einwickeln, damit die Flüssigkeit aufgesaugt wird.

Schritt 2: Das Ganze in eine große Schüssel geben und mit Ingwer, Knoblauch, Sojasoße, Sake und Mirin gut vermischen. 30 – 45 Minuten stehen lassen, je länger, desto würziger.

Schritt 3: Danach Mehl und Kartoffelstärke (Speisestärke geht auch) miteinander mischen, die marinierten Teile darin wälzen und in ausreichend Öl knusprig braun ausbacken. Schließlich auf Küchenpapier gut abtropfen lassen.

Tamagoyaki

Hierbei handelt es sich um ein japanisches gerolltes Omelette. Es wird gerne zum Frühstück gegessen, auf Sushi serviert und oft ins Bento gepackt. Im Gegensatz zu den bei uns bekannten Omelettes werden Tamagoyaki in einer speziellen eckigen Pfanne zubereitet. Mit einer runden Pfanne klappt die Zubereitung aber genauso gut. Man erhält am Ende nur nicht die typisch eckige Form, was aber nicht ganz so wichtig sein sollte.

Typischerweise schmecken Tamagoyaki süßlich, sie sollten saftig sein und eine weiche Textur haben. Zu der Eimasse kann man Unmengen weiterer Zutaten mischen, was diese Speise so universell macht.

Zutaten für 2 Personen:

3 Eier

1 EL Mirin

2 TL Zucker

1/2 TL Salz

1 TL Sake

1 TL Dashi-Pulver (optional)

Weitere optionale Zutaten:

Frühlingszwiebeln, gehackt

Spinat, blanchiert

Schinken, in Würfel

Kräuter, gehackt

Erbsen, gekocht

Surimi, fasrig gerupft

Nori, komplettes Blatt mitgerollt

Wurst, in der Mitte mitgerollt

Karottenstäbchen, mitgerollt

gekochte Bohnen, mitgerollt

Schritt 1: *Eier verquirlen und mit Mirin, Dashipulver, Zucker, Salz und Sake würzen.*

Schritt 2: *Pfanne erhitzen und etwas Öl hineingeben. Auf geringe Hitze stellen, 1/3 der Eimasse in die Pfanne geben und so lange schwenken, bis der komplette Pfannenboden bedeckt ist.*

Schritt 3: *Das Omelette sollte nun soweit gestockt sein, dass es sich gut vom Pfannenboden lösen lässt. Auf der oberen Seite sollte gleichzeitig immer noch rohe Eimasse vorhanden sein. Wie bei einem Pfannkuchen wird nun das Omelett in der Pfanne zusammengerollt. Durch die halbrohe Eimasse verbindet sich das Ganze zu einer kompakten Rolle, welche nicht wieder auseinanderfällt.*

Schritt 4: *Danach bedeckt man wieder den Pfannenboden mit einer dünnen Eischicht und rollt die Rolle solange, bis keine Eimasse mehr vorhanden ist. Je dünner die Lagen sind, desto feiner ist später die Textur des Tamagoyaki.*

Schritt 5: *Die fertige Rolle wickelt man nun in Küchenpapier oder eine Sushimatte und lässt das Ganze abkühlen. So erhält die Rolle ihre typische, leicht eckige Form. Danach kann sie in Scheiben geschnitten werden.*

Surimi
· Krebsfleischimitat

Würstchen im Bento

Würstchen gehören ebenfalls zu den Klassikern in einer Bentobox. **Sie sind wandlungsfähig und universell einsetzbar.** In Scheiben oder Würfel geschnitten kann man sie zusammen mit Gemüse anbraten, in Nudelsalate mischen oder als Füllungen für Onigiri verwenden. Man kann sie kalt ins Bento geben, kochen oder vorher ein wenig in Soße anbraten **(Rezept auf Seite 81).**

Wiener treten bevorzugt in der Form eines Oktopus auf, dem sogenannten Octodog. Hierfür wird das Würstchen nur an einem Ende eingeschnitten, damit Tentakel entstehen. Danach wird das Würstchen erhitzt (gebraten oder gekocht), damit die Tentakel sich öffnen. Beim Braten sollte die Schnittseite nach unten gelegt werden.

Mit derselben Methode lassen sich viele weitere Muster und Ideen umsetzen. **Durch das Anbraten spannt sich die Würstchenhaut und der Schnitt wölbt sich nach außen, sodass man die Muster deutlich erkennt.** Der Schnitt wird durch das Anbraten auch dunkler und krosser, das sieht besonders gut aus. Bei hellen und vegetarischen Würstchen funktioniert das nicht so gut.

Bei diesem Motiv wird eine Blume erzeugt. In die Mitte drückt man einen Strohalm in die aufgeschnittene Wurst, sodass ein runder Schnitt entsteht. Danach acht Kerben um den Kreis schneiden, damit sich die Blütenblätter ergeben.

Wer es eher schlichter mag, schneidet ein einfaches Karomuster hinein.

Optisch ansprechend ist auch die Variante mit feinerem Raster. Diese kann man auch in einer Wurst- oder Käseblume einrollen. **Anleitung Seite 112.**

 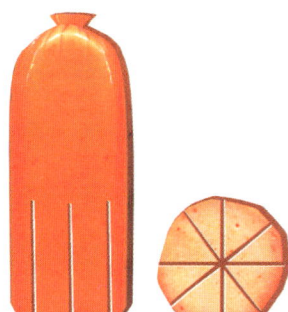 

Für Oktopuswürstchen nimmt man am besten das abgerundete Wurstende. Das wird später der Kopf des Octodogs. Kleine Wiener Würstchen eignen sich dafür auch sehr gut.

Bis zur Hälfte vier gerade Linien in das untere Ende schneiden, sodass man acht Tentakel erhält.

Nun kann das Würstchen gekocht oder angebraten werden. Durch die Hitze spannt sich die Wursthaut und die Tentakel öffnen sich. Wer mag, kann dem Octodog auch ein Gesicht verpassen.

  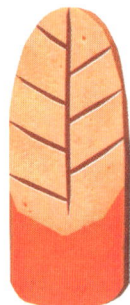

Mit schrägen Schnitten erzielt man schöne Grillstreifen, die beim Anbraten gut zur Geltung kommen.

Mit Kreuzschnitten imitiert man Fischschuppen. Das Auge sticht man mit einem Zahnstocher. Die Wurst halbiert man am besten komplett der Länge nach, damit man einen flachen Fisch erhält.

Schneidet man die Wurst schräg ab, so ergibt das eine große ovale Schnittfläche. In diese wird ein Blattmuster eingeritzt. Beim Anbraten werden die Linien dunkler und sichtbar.

In dieser Bentobox befinden sich insgesamt vier Lachsstücke. Die anderen zwei liegen darunter, sodass sie nicht zu sehen sind. Das Bento mag auf den ersten Blick klein erscheinen, doch tatsächlich sind ein komplettes Lachsfilet und zahlreiche sättigende Beilagen enthalten.

Teriyaki-Lachs

Rezept auf Seite 82

Kartoffelsalat

Rezept auf Seite 91

Gemüsebeilagen

Wer weniger Kohlenhydrate zu sich nehmen möchte, sollte mehr zu Gemüsebeilagen greifen. Zu vielen Gemüsebeilagen kann man zusätzliches Protein in Form von Hackfleisch oder Tofustreifen mischen. Um die frische Farbe zu erhalten, sollte man das Gemüse scharf anbraten oder vorher blanchieren.

Am einfachsten ist es, das Gemüse einfach nur kurz zu dämpfen oder zu blanchieren. Broccoli, Bohnen, Zuckerschoten, Karotten oder Spinat eignet sich dafür besonders gut. Zum Würzen legt man ein kleines Soßenfläschchen mit Sojasoße oder einem anderen Dip bei.

Karotten-Kinpira

Diese Zubereitungsmethode wird vor allem bei Wurzelgemüse wie Karotte, Gobowurzel oder Lotuswurzel angewendet. Das Gemüse wird dabei in der Pfanne sautiert, würzig-scharf abgeschmeckt und meist noch mit Sesam vermengt. Kinpira eignet sich auch hervorragend als Onigirifüllung.

Zutaten für 2 Personen:

2 – 3 Karotten

1 EL geröstetes Sesamöl

1 EL Sojasoße

Shichimi Togarashi

1 Prise Salz

1 EL Sesamkörner

Schritt 1: *Gemüse in streichholzdicke Stifte schneiden oder mit einem Sparschäler in dünne Streifen hobeln.*

Schritt 2: *In einer Pfanne Sesamöl erhitzen und die Karotten bei hoher Hitze anbraten. Shichimi Togarashi (alternativ: Chilipulver) hineingeben und weiterbraten.*

Schritt 3: *Wenn das Gemüse an manchen Stellen leicht gebräunt ist, mit Sojasoße und Salz abschmecken. Sesamkörner am Ende untermischen und servieren.*

Shichimi Togarashi
- Chili
- Sesam
- Mohn
- Nori
- Pfeffer
- Mandarinenschale
- Hanfsamen

Miso-Bratgemüse

Dieses Gericht schmeckt würzig-süß und hat einen wundervollen Misogeschmack, sehr nussig und samtig. Am besten passt diese Soße zu Auberginen, Champignons, Bohnen, Karotten und Mais. Man kann das Gemüse auch mit Fleisch oder Tofu mischen. Die Soße kann man übrigens auch wie Teriyakisoße zum Bestreichen von Grillgut verwenden.

Zutaten für 2 Personen:

1 Handvoll Gemüse

1 Stange Frühlingszwiebeln

1 TL Sesamöl

1 gehäufter TL gelbe Misopaste

1 TL Mirin

1 TL Sake

1 TL Zucker

1 Knoblauchzehe (optional)

1 TL geriebener Ingwer (optional)

Schritt 1: Gemüse waschen, putzen und in mundgerechte Stücke schneiden. Champignons sollte man eher in dicke Scheiben, Möhren in Stifte und Auberginen in dünne Scheiben schneiden.

Schritt 2: In einer Schüssel Misopaste, Mirin, Sake und Zucker gut miteinander vermischen. Für mehr Geschmack kann man auch etwas Knoblauch oder Ingwer hinzufügen.

Schritt 3: Nun in eine Pfanne etwas Öl geben und erhitzen. Das Gemüse scharf anbraten.

Schritt 4: Pfanne vom Herd nehmen und Misomischung untermengen. Falls die Soße noch zu flüssig ist, das Ganze bei geringer Hitze weiterbraten. Da in der Soße Zucker enthalten ist, muss man etwas aufpassen, dass die Soße nicht anbrennt.

Schritt 5: Am Ende Frühlingszwiebeln und Sesamöl hineingeben und gleich servieren.

Grünes Knoblauch-Bratgemüse

Dieses Rezept eignet sich vor allem für grünes Blattgemüse. Bevorzugt benutzt man frischen Spinat, Wasserspinat, Pak Choi oder Kai Lan (Chinesischer Brokkoli). Grüne Bohnen eignen sich ebenfalls sehr gut.

Zutaten für 2 Personen:

1–2 große Knoblauchzehen

1–2 EL Butter oder Öl

Grünes Blattgemüse

1 EL Sojasoße

Salz und Pfeffer

Schritt 1: *Butter in der heißen Pfanne erhitzen. Grob gehackten Knoblauch hinzugeben und kurz anbraten, bis er duftet.*

Schritt 2: *Hitze beibehalten, das frische Gemüse hinzugeben und scharf anbraten.*

Schritt 3: *Sogleich mit einem ordentlichen Schuss Sojasoße und Pfeffer würzen. Gegebenenfalls mit Salz abschmecken.*

Schritt 4: *Alles solange weiterbraten bis das Gemüse gar, aber noch knackig ist. Das ist von Gemüse zu Gemüse verschieden. Vor allem bei Spinat geht es sehr schnell, den würde ich gar nicht erst zusammen-fallen lassen, da man ihn ja auch halbroh wunderbar essen kann und er so noch mehr Biss behält.*

Gebratene Avocado

Gebratene Avocado schmecken noch etwas buttriger als frische und passen perfekt zu Reis, in ein Sandwich oder ein Wrap. Man muss allerdings aufpassen, sie nicht zu lange und bei zu hoher Hitze zu braten, da sie sonst bitter werden.

Zutaten für 2 Personen:

1–2 essreife Avocado

1–2 EL Butter

Würzvorschläge:

Salz und Pfeffer

Kräuter, Salz und Pfeffer

Sojasoße und Pfeffer

Currypulver, Salz und Pfeffer

Parmesan und Zitronensaft

Schritt 1: *Avocado schälen und in zwei Zentimeter dicke Scheiben schneiden.*

Schritt 2: *In einer Pfanne die Butter erhitzen, Avocadoscheiben hinzugeben und auf beiden Seiten goldbraun anbraten.*

Schritt 3: *Pfanne vom Herd nehmen, beliebig würzen und sofort servieren.*

Japanischer Kartoffelsalat

Kartoffelsalat wird im japanischen Bento selten als dominanter Kohlenhydratanteil verwendet. In Foodcups gefüllt, ist er nur eine von vielen Beilagen. Statt Kartoffeln kann man auch gekochte Nudeln nehmen.

Zutaten für 2 Personen:

1 kleine Karotte

2–3 Kartoffeln

1/4 Salatgurke

1 EL Dosenmais

1 Schuss Essig

1 Prise Zucker

Salz und Pfeffer

1 EL Mayonnaise

Schritt 1: *Karotten und Kartoffeln schälen, in ähnlich große Stücke schneiden und in Wasser weichkochen. Dann vom Herd nehmen und das Wasser abgießen.*

Schritt 2: *Gurke in dünne Scheiben schneiden, mit 1 TL Salz marinieren und einwirken lassen. Ausgetretenes Wasser mit der Hand ausdrücken.*

Schritt 3: *Ist das gekochte Gemüse abgekühlt, kann es geschnitten werden: Die Karotten in Scheiben, die Kartoffeln in Würfel.*

Schritt 4: *Jetzt die ausgedrückten Gurken und den Mais hinzugeben. Essig und Mayonnaise untermengen. Schließlich mit Zucker, Salz und Pfeffer würzig abschmecken.*

Bratreis

Rezept auf Seite 32

Tiefkühlgemüse ist praktisch, wenn man schnell noch etwas Frisches für die Bento-box zubereiten möchte. Es ist lange haltbar und gart schnell. Mit Tiefkühl-Gemüse lassen sich auch Gerichte strecken, sodass man aus kleinen Resten vom Vortag etwas völlig Neues kreieren kann.

Soßenfläschchen

In diesem großen Fisch befindet sich leckere Barbecuesoße zum nachträglichen Würzen des Fischburgers

Bratgemüse

Rezept auf Seite 90

Fischburger

Burger und Patties aller Art lassen sich in größeren Mengen fürs Abemdessen zubereiten. Einen Teil kann man dann für sein Bento abzwacken.

Kalte Soba

Soba-Nudeln isst man in Japan
im Sommer gerne kalt.
Deswegen eignen sie sich auch
gut für Bento. Udon und Somen
sind ebenfalls gut geeignet.

Soßenfläschchen

Dieses Fläschchen ist extra groß
und beinhaltet Nudelsoße.

Rezepte auf Seite 113

Gemüsetempura

Verschiedenes Gemüse in Tempurateig. Dem Teig wurden zusätzlich Sesam und Aonori-Flocken beigemengt.

Butterbrotpapier

Das Butterbrotpapier hält das Fett des Gemüsetempuras von den anderen Beilagen fern. Außerdem bietet es einen schönen Kontrast zu der schwarzen Box. Das Bento erscheint dadurch heller und damit ansprechender.

Frittierte Speisen im Bento sind keine Seltenheit. Damit es auch kalt gut schmeckt, lässt man die Speisen nach dem Frittieren gut auf Küchenpapier abtropfen und komplett erkalten.

Obst und andere Süßspeisen

Traditionell gibt es in einer japanischen Mahlzeit keine süßen Desserts. Aus diesem Grund gibt es nur wenige traditionelle bentogeeignete süße Rezepte. Viele Asiaten essen lieber Obst als Nachspeise.

Man sollte kein Tiefkühl-Obst verwenden, da es beim Auftauen zu sehr nässt. **Am besten eignen sich natürlich Früchte, die man nicht noch kleinschneiden muss oder die eine natürliche Schutzhülle haben.** Verschiedene Beerenarten, Trauben, Kirschen, Mandarinen- und Orangen-Segmente sind daher ideal. Da diese Früchte natürlich versiegelt sind, können sie auch direkt neben dem Gemüse wie Cocktailtomaten oder Salat platziert werden.

Früchte, die man erst kleinschneiden muss, sollte man in zitronenhaltiges Wasser tauchen, damit sie nicht braun werden. Äpfel, Birnen, Banane, Kiwi, Mango, Ananas oder Pfirsich sind sehr häufig zu finden. **Zu dem geschnittenen Obst empfiehlt es sich, einen Food-Piekser dazuzulegen.** Damit kann das Obst aufgespießt und gegessen werden und man muss nicht die Stäbchen benutzen, die man vorher in herzhafte Speisen eingetaucht hat.

Wenn man besonders feuchtes Obst wie Wassermelone oder einen ganzen Obstsalat mitnehmen möchte, sollte man am besten eine kleine Extrabox (Sidedishbox) benutzen. Diese Boxen sind wasserdicht und speziell für kleine Salate und z. B. Joghurt oder Pudding konzipiert.

Heutzutage gibt es viel mehr Möglichkeiten. Kleines Gebäck wie z. B. Muffins, süße Milchbrötchen, Kekse, Schokolade oder Bonbons sind ideale Lückenfüller.

Eine kleine Süßigkeit im Bento komplettiert die Mahlzeit und vermeidet, dass man als Nachtisch zu etwas Größerem greift, wie etwa einer ganzen Schokoladentafel oder einem Schokoriegel.

Hokkaido-Milk-Pudding

Diese Süßspeise ist in Japan sehr beliebt und schmeckt erfrischend cremig und seidig nach Milch. Sie heißt so, weil sie ursprünglich nur mit der Milch von der japanischen Hokkaido-Insel gemacht wurde. Die Hokkaido-Milch hat mit 3,6 Prozent einen hohen Fettanteil. In ein Silikonförmchen gefüllt, lässt sich der Pudding prima transportieren.

Zutaten für 2 Personen:

280 ml Vollmilch (mind. 3,5%)

20 ml Sahne

30g Zucker

1/2 TL Agar-Agar-Pulver

Weitere optionale Zutaten:

3 TL Kakaopulver

1 TL Matcha

2 EL gezuckerte Kondensmilch

Schritt 1: *Milch, Sahne, Zucker und Agar-Agar-Pulver in einen Topf geben und unter Rühren erhitzen, bis sich alles gut aufgelöst hat. Danach die Milch einmal kurz aufkochen lassen und vom Herd nehmen.*

Schritt 2: *Möchte man nun noch zusätzlich Geschmack haben, gibt man 1-2 TL der Flüssigkeit in eine kleine Schale und vermischt sie dort mit dem Kakao oder Matchapulver, bis alles klumpenfrei ist. Das Ganze zurück in den Topf geben und gut verrühren.*

Schritt 3: *Nun alles abkühlen lassen, danach in Silikonförmchen oder kleine Gläser füllen und im Kühlschrank mindestens eine Stunde fest werden lassen. Wer mag, gibt noch halbierte frische Erdbeeren, Trauben oder Mandarinen aus der Dose darauf.*

Tipp: *Statt Milch kann man auch Mandelmilch verwenden. Es ist ebenfalls möglich Joghurt, Fruchtsäfte und sogar Kaffee zu Agar-Pudding zu verarbeiten und in der Bentobox als kleines Dessert mitzunehmen. Der Fantasie sind keine Grenzen gesetzt!*

Geschnitzte Äpfel

Der sogenannte Schachbrettapfel ist ein sehr beliebtes Objekt im Bento und wirklich oft zu sehen. In die Haut der Apfelspalte werden feine Linien geschnitten. Teile der Apfelhaut werden dann mit einem scharfen, spitzen Messer entfernt und heraus kommt ein wunderbar grafisches Muster.

Ein weiterer Klassiker ist das süße Apfelhäschen. Die Apfelspalte sieht aus wie ein kleines zusammengekauertes Häschen.

Für diese Technik eignen sich sowohl rote, als auch grüne Äpfel. Gelbe Äpfel sind nicht so gut geeignet, da der Farbkontrast zwischen Schale und Fruchtfleisch zu schwach ist.

Die fertigen Apfelspalten sollte man unbedingt kurz in zitronensafthaltiges Wasser tauchen, damit sie nicht braun werden.

Für einen Apfelhasen benötigt man eine normale Apfelspalte. Diese entkernt man und schneidet sie so, dass sie gerade liegen kann.

Mit einem scharfen Messer schneidet man nun wie angezeigt zwei spitz zulaufende Linien ein. Die Linien müssen nur die Schale durchtrennen.

Nun beginnt man die Apfelspalte zu schälen. Dabei führt man das Messer vorsichtig unter die Haut, hört aber an der Spitze des Dreiecks auf. Die Schale in der Mitte entfernt man. Die Ohren bleiben erhalten. Legt man das Apfelhäschen nun eine Weile in Wasser, so stellen sich die Ohren etwas auf.

Bei Schachbrettäpfeln kann man auch eine breitere Apfelspalte benutzen. Am besten schneidet man sie in der Größe zu, in der sie später gut in die Box passt.

Nun ritzt man einfach mit dem Messer ein gleichmäßiges Gittermuster in die Haut hinein.

Mit einem dünnen und spitzen Messer entfernt man nun immer abwechselnd die Kacheln, sodass am Ende ein Schachbrettmuster entsteht.

Mit dieser Technik kann man natürlich auch andere Muster gestalten.

Hier wurden z. B. diagonale Linien dem Gittermuster hinzugefügt.

Das Ergebnis ist ein sehr ansprechendes, windradähnliches Muster.

Schachbrettapfel

Diese Äpfel sind sehr beliebt in
Bento und jedes Mal ein ganz
besonderer Blickfang.
Anstatt Karomuster kann man
auch Muster mit Rauten oder
Dreiecken schnitzen.

Anleitung auf Seite 98

Würstchen

In kleine Teile geschnitten passt
eine komplette Wurst in die
Bentobox. Besonders dekorativ
werden sie mit eingeschnittenen
Mustern.

Anleitung auf Seite 84

Spaghetti mit Kürbis

Anstatt die Pilze direkt mit den Nudeln zu vermischen, wurden sie nach dem Braten beiseite gestellt und später als Topping darüber gestreut.

Angemachter Salat (vor allem mit Gurke oder Tomate) sollte man immer gut auspressen, damit er in der Box nicht zu viel Flüssigkeit verliert. Der Einsatz von Silikonförmchen ist hier sehr zu empfehlen.

Toppings & Lückenfüller

Es wird Zeit, dem Bento den letzten Schliff zu verpassen. Toppings sind quasi die i-Tüpfelchen des Bento. Und die letzten kleinen Freiräume sollten mit Lückenfüllern geschlossen werden.

Toppings

Unter dem Begriff Topping versteht man kleine Dinge, die auf bestimmte Speisen gelegt oder gestreut werden. **Zu den beliebtesten Bentotoppings zählen Nori, Furikake, Sesam, Kräuter, Gewürze und Soßen.** Weitere Toppings können sein: Eingelegtes Gemüse (Tsukemono), Lachsstücke und Rührei.

Für jedes Topping gilt: Es wirkt spannender, wenn es nicht gleichmäßig verteilt oder 100%ig symmetrisch perfekt gelegt wird sondern mehr auf auf gelungene Kontraste zwischen Speise und Topping geachtet wird. Auf dunkel angebratenes Gemüse passt z. B. ein heller Sesam besser. Es bringt eure Speise zum Leuchten. Schwarzer Sesam wirkt dagegen auf Reis toll.

Nori wird sehr gerne als Topping auf Reis verwendet. Durch den hohen Kontrast wirkt es sehr grafisch. Zudem bringt es einen großen Schwarzanteil in die Box, was wichtig ist, wenn man nach der 5-Farben-Regel arbeitet.

Mit Nori kann man nahezu alle möglichen Motive legen. Schnell und effektiv ist z. B. dieses Schachbrettmuster. In die Zwischenräume kann man noch Kräuter oder Furikake streuen.

Für viele Charaben werden mit einem Skalpell oder einer Schere sehr komplexe Motive aus Nori geschnitten. So aufwendig muss es nicht sein, auch einfache Motive haben eine große, positive Wirkung.

Wenn man eine Umeboshi in die Mitte eines Reisbento setzt, so sieht das Ganze aus wie die japanische Flagge. Das nennt man Hinomaru-Bento. Das funktioniert auch gut mit einer Cocktailtomate.

Furikake z. B. kann man auch mal nur an den Rand oder in eine Ecke streuen, statt nur in die Mitte.

Selbstverständlich kann man auch mehrere Toppings miteinander kombinieren. Nori mit Furikake oder Sesam mit gehackten Kräutern sind eine gute Wahl.

Kleine Kräuterblätter wie z. B. von Pimpinella, Petersilie oder Basilikum sind oftmals dekorativer, wenn man sie als Ganzes lässt und nicht hackt. Sie bringen wegen ihrer filigranen Form mehr Details in die Box.

Erbsen, Edamame (grüne Sojabohnen), in Würfel geschnittene Karotten oder Paprika sind ebenfalls ein gutes Topping. Je farbenfroher, desto besser!

Anstatt Nori kann man dünn ausgebackene Omelettescheiben verwenden. Am liebsten essen Japaner Omelette in Kombination mit Ketchup-Reis. Das Gericht nennt sich Omuraisu und ist eine beliebte Hausmannskost.

Furikake

Furikake ist ein Streugewürz, welches aus verschiedenen getrockneten oder gerösteten Algen, Fischflocken, Gemüse, Kräutern, Sesam und Salz besteht. Es wird einfach auf den gekochten Reis gestreut und dann gegessen. Würzig und lecker! In einem Bento wird das Furikake häufig schon vorher auf den Reis gegeben. Einige Leute mögen das nicht so gern. Aus diesem Grund gibt es extra kleine Tütchen mit abgepacktem Furikake oder kleine Furikake-Döschen, die man zusätzlich zum Bento mitnehmen kann oder in der Bentobox verstaut. So kann das Reisgewürz erst kurz vor dem Verzehr auf den Reis gestreut werden und bleibt frisch und knusprig.

Obwohl die meisten Furikake-Gewürzmischungen Fisch enhalten, gibt es auch ein paar, die nur aus Gemüse, Kräutern und Sesam bestehen. Viel industriell gefertigtes Furikake enthält zudem Glutamat. Wer das nicht möchte sollte nach hochwertigem Furikake Ausschau halten oder es selbst zubereiten.

Gomashio

Das sogenannte Sesamsalz ist wirklich der Klassiker unter den Furikake-Varianten und sehr einfach selbst herzustellen. Obwohl es so einfach ist, schmeckt es unglaublich lecker!

Zutaten für 2 Personen:

7 EL Sesam (schwarz oder weiß)

1 EL Salz

Schritt 1: *Sesam in einer Pfanne ohne Fett vorsichtig rösten, bis er schön duftet und einige Sesamkörner zu springen beginnen. Nicht anbrennen lassen!*

Schritt 2: *Während der Sesam abkühlt, das Salz ebenfalls kurz rösten, um eventuelle Restfeuchte zu enfernen.*

Schritt 3: *In einem Mörser den Sesam grob zermahlen. Er muss nicht komplett fein sein. Danach mit dem Salz vermischen und alles luftdicht aufbewahren.*

Nudelsalat

Es ist üblich, Kartoffel- und Nudelsalate als kleine Beilage ins Bento zu packen.

Hackbällchen

Sie sind perfekt, wenn man viele eher gleichmäßig große Beilagen hat, da man sie schön untereinander platzieren kann.

Gebratene Avocado

In Olivenöl kurz gebraten und mit Sojasoße und Pfeffer gewürzt, schmecken sie auch im Sandwich sehr gut.

Rezepte auf Seite 90

Karotten-Kinpira

Rezept auf Seite 88

Ein rechteckiges Noriblatt auf Reis gelegt und die Box ist perfekt. Schnell, aber optisch sehr wirksam. Nori saugt nach einer gewissen Zeit die Flüssigkeit vom Reis auf und wellt sich dadurch ein wenig. Das macht es eigentlich umso appetitlicher, da es dadurch auch einen leichten Glanz bekommt.

Da in diesem Bento auf der rechten Seite die Farben Grün, Rot und Gelb schon sehr dominieren, muss als Kontrast unbedingt etwas Dunkles her. Nori, schwarzer Sesam oder schwarze Oliven eignen sich am besten. Hier wurden Nori-Streifen geschnitten. Mit einer Schere geht das schnell und einfach.

Spiegelei

Ein beidseitig gebratenes Spiegelei kann, in der Mitte durchgeschnitten, ein schöner essbarer Foodbaran sein.

Bratgemüse

Schnelles Bratgemüse ist perfekt zum Aufbrauchen von Gemüseresten. Je bunter, desto besser!

Panierte Nuggets

Kleine Tiefkühlnuggets sind praktisch, wenn man wenig Zeit hat, da sie sich schnell zubereiten lassen.

Lückenfüller

Damit alle Speisen an Ort und Stelle bleiben, sollten alle Freiräume mit kleinen Lückenfüllern geschlossen werden. **Zu diesen gehören Lebensmittel, welche man vorm Verzehr nicht weiterverarbeiten muss.** Sie sind idealerweise klein und leicht portionierbar. Lückenfüller helfen auch die benötigte Kalorienanzahl im Bento zu erreichen.

Besonders gut eignen sich kleine Hackbällchen, Würstchen, Cocktailtomaten, Brokkoli, Radieschen, Weintrauben, Nüsse, Bonbons und abgepackte Snacks.

Soßen und Dressings in kleinen Fläschchen oder Döschen können ebenfalls gute Lückenfüller sein. Man steckt das Fläschchen einfach zwischen das Essen. Eben genau dort, wo noch Platz ist.

Wurstblumen müssen sogar in vorhandene kleine Lücken gesteckt werden, da sie sonst von selbst auseinander fallen würden. Die Blume kann aus Wurst, Käse oder aus dünnen Omelettscheiben bestehen. Je dünner man die Streifen schneidet, desto feinblättriger wird die spätere Blume. Zwischen die Blütenblätter wird gerne ein Maiskorn oder eine Erbse gesteckt, um den Blütenstempel zu imitieren.

Wurst-, Omelette- oder Käsescheibe zusammenklappen.

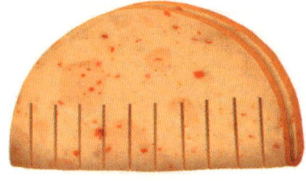

Am Falz mehrere gleichmäßige Schnitte machen.

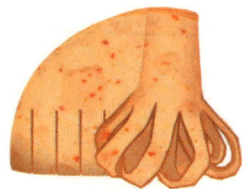

Danach alles zu einem Röschen zusammenrollen und in eine Lücke stecken.

Miso-Salat-Dressing

Folgende Zutaten vermischen:

1 – 1,5 EL helle Misopaste

1,5 EL Zucker

1 EL Zitronensaft

0,5 EL Reisessig

2 – 3 EL Olivenöl

Dieses Zitronen-Miso-Dressing passt besonders gut zu Gurke und anderem knackigen Gemüse wie Karotte, Rettich, Radieschen oder Kohlrabi. Normaler Blattsalat geht natürlich auch. Das Dressing sollte man erst beim Servieren auf das Gemüse geben, dann bleibt alles schön knackig!

Sesam-Mayo-Soße

Folgende Zutaten vermischen:

3 – 4 TL Mayo

3 – 4 TL Sesampaste (Tahin)

Wasabi-Paste nach Geschmack

1 bis 2 TL Reisessig

1 TL Zucker

1 Schuss Sesamöl

Pfeffer

Das Dressing passt perfekt zu kalten Soba- oder Udonnudeln. Vermischt mit etwas Dosenthunfisch, frischer Tomate und Gurke ergibt das einen leckeren Nudelsalat! Auch gedämpftes oder blanchiertes Gemüse kann man darin dippen.

Mentsuyu-Nudelsoße

Folgende Zutaten vermischen:

100 ml Mirin

100 ml Sojasoße

1 EL Zucker

400 ml Dashibrühe

Mirin in einem kleinen Topf kurz aufkochen lassen. Danach Sojasoße und Zucker dazugeben und zwei Minuten köcheln lassen. Am Ende mit Dashibrühe aufgießen.

Die Soße verwendet man zum dippen kalter japanischer Nudeln oder als Basis für Nudelsuppenbrühen.

Tipp: Statt eines Soßenfläschchens kann man auch eine Ecke eines gewöhnlichen Gefrierbeutels befüllen, zuschnüren und den überschüssigen Teil wegschneiden. Möchte man nun in der Mittagspause an die Soße gelangen, piekst man einfach mit einem Zahnstocher ein Loch in das Beutelchen und drückt die Soße auf die gewünschte Speise.

Im linken Fach befinden sich zwei Kartoffeln.
Da sie sehr grob geschnitten sind, wurden die
Freiräume mit Lückenfüllern bestückt.
Brokkoli, Karottenstifte und das hartgekochte
Ei liegen auf den Kartoffelstücken drauf, so
schließen sie genau mit dem Deckel der Box ab.

Soßen

*Dickflüssige Soßen wie Preisel-
beeren kann man auch direkt
auf die Speise geben, sofern
man das mag. Sojasoße sollte
man aber lieber in einem
Soßenfläschchen mitnehmen.*

Radieschen

*Radieschen haben eine schöne
kräftige Farbe, die man
normalerweise nicht bei Gemüse
findet. Als kleinen Hingucker
kann man ein Exemplar auch
schnitzen.*

Hartgekochtes Ei

*Gekochte Eier sind kompakt,
sättigen schnell und sind sehr
proteinhaltig. Dieses Ei wurde
sieben Minuten lang gekocht
und hat die ideale Farbe und
Konsistenz.*

Die richtige Verpackung

Damit das Bento den Transport unbeschadet übersteht, benötigt es die richtige Verpackung. Hier gibt es einen kleinen Überblick zu den üblichen Methoden.

Wie verpacke ich die Bentobox?

Bentoboxen verpackt man traditionell mit einem Furoshiki. Das ist ein rechteckiges, schön bedrucktes Stofftuch. **Das Tuch wird um die Bentobox gelegt und richtig fest verknotet, sodass der Deckel nicht aufgehen kann.** Aus diesem Grund haben viele Bentoboxen keinen sichtbaren Verschluss.

Furoshiki gibt es in vielen verschiedenen Größen, denn sie werden in Japan nicht nur bei Bentoboxen verwendet. Nahezu jedes Objekt kann man mit einem Furoshiki verpacken und für jede Form gibt es spezielle Knottechniken. Diese Kunst ist fast genauso vielfältig wie z. B. das Origamifalten.

Für Bentoboxen ist es üblich, ein Furoshiki mit den Maßen 50 x 50 cm zu benutzen. Größere Furoshiki sind viel teurer und für Bento nicht nötig.

Alternativ oder in Kombination mit einem Furoshiki kann man Bentobänder verwenden und um die Box stülpen. Diese Gummibänder werden beim Kauf mit der Box mitgeliefert.

Desweiteren gibt es auch spezielle Bentotaschen. **Sie halten die Box nicht zusammen, weshalb man hier auf jeden Fall noch ein Bentoband benötigt.** Bentotaschen bestehen aus Stoff und können per Kordelzug zusammen gebunden werden. Sie sind immer etwas geräumiger, damit auch Sidedishboxen oder Besteck hineinpassen. Einige Bentotaschen sind sogar isoliert.

> **Tipp:** *Es ist wichtig, dass die Bentobox sehr eng gepackt wird und vor allem kein Freiraum zum Deckel existiert, damit die Speisen an ihrem Platz bleiben.*

Wie hält man das Bento frisch?

Es ist ratsam möglichst keine rohen oder halbrohen Speisen wie z. B. rohen Fisch oder Ei einzupacken. Sushi befüllt man z. B. nur mit Räucherlachs, Gemüse oder Omelette. Frisches Gemüse wie z. B. Gurken sollte man trockentupfen, damit sie nicht zu viel Wasser verlieren. Tomaten können entkernt werden.

Wasabi, Ingwer und Zwiebeln kann man öfter als Zutat verwenden, da sie einen antibakteriellen Effekt besitzen. Dasselbe gilt für gesalzene Speisen mit Säure, wie z. B. Tsuekomono. Umeboshi (salzig eingelegte japanische Pflaumen) werden in den Reis gedrückt. Der Essig, bzw. das Salz in der Umeboshi macht den Reis länger haltbar. Aus diesem Grund wird Sushireis auch gesalzen und gesäuert, damit er mit dem rohen Fisch länger frisch bleibt.

Dressings und andere Soßen sollte man immer in einem Extrabehälter transportieren und erst beim Essen darübergießen. So hält sich der Salat länger frisch.

Im Sommer kann man Kühlpads zu der Bentobox legen. Es gibt spezielle Kühlpads extra für Bento mit hübschen Motiven bedruckt. Auch in der Apotheke lassen sich ähnliche Produkte finden.

Tipp: Man kann ganz einfach seine eigene Kühlbatterie herstellen. Einfach eine Saftpackung oder einen Becher Joghurt einfrieren und zu dem Bento in die Tasche legen. Es hält die Box den ganzen Vormittag kühl und taut pünktlich zum Mittagessen auf. Praktisch und erfrischend zugleich!

Abschließende Worte

Mir ist wichtig, dass die beschriebenen Regeln in den vorherigen Kapiteln nicht eisern eingehalten werden. Jeder Mensch kocht und isst anders. Durch dieses Buch möchte ich vor allem Anregungen geben. Man könnte alles genauso nachmachen, aber man kann sich auch einfach nur inspirieren lassen.

Es geht nicht darum, so japanisch wie möglich zu essen oder zu leben, sondern neue Ideen und Perspektiven zu erfahren und sie nach Belieben für sich selbst anzuwenden und seine Mahlzeiten damit zu bereichern. Spaß und Genuss sollte hier oberstes Ziel sein!

Thunfisch? Thunfisch taucht als Zutat zwei- bis dreimal in den Rezepten auf, da er wie kaum ein anderer Fisch zur japanischen Kultur gehört. Es ist aber leicht, ihn durch etwas anderes zu ersetzen. Denn, es gibt sehr viele Gründe auf den Kauf und Verzehr von Thunfisch zu verzichten... angefangen bei seiner hohen Belastung durch Schwermetalle und damit gesundheitlicher Gefährdung für den Menschen, dann die keineswegs artgerechte Massenzucht und auch, weil Delfine und kleine Wale entweder in riesigen Fangnetzen ersticken oder gejagt und abgeschlachtet werden, da sie die Fressfeinde der Thunfische sind. Mehr Infos: peta.de/10-gruende-keinen-thunfisch-zu-essen

Bitte, verzichtet auf den Thunfisch! Das ist mein ganz persönliches Ansinnen und ich konnte das Buch nicht veröffentlichen, ohne diese Anmerkung hier zu hinterlassen.

Guten Appetit!
wünscht die Verlegerin Annette Köhn

Schritt 1: *Eine passende Box suchen*

Schritt 2: *Eine Hälfte mit Kohlenhydrate füllen*

Schritt 3: *Essenstrenner in der Box platzieren*

Schritt 4: Proteinhaltige Hauptspeise dazu

Schritt 5: Zwei bis drei Beilagen hinzu geben

Schritt 6: Alle Lücken füllen und ausgarnieren

Grundzutaten der japanischen Küche

Hier sind Grundzutaten gelistet, die man für viele japanische Gerichte verwenden kann und die oft zum Einsatz kommen. Hauptsächlich sind es Zutaten, die für die japanische Hausmannskost benötigt werden.

Mirin, japanischer süßer Kochwein

Sake, japanischer Reiswein

Sojasoße, Würzsoße aus Sojabohnen

Diese drei Zutaten werden in zahlreichen Gerichten verwendet, sie sind der Schlüssel für selbstangerührte Teriyakisoße und werden auch sonst fast in jedem Gericht benutzt. Wer kein Mirin hat, der ersetzt es im Notfall mit Zucker (z. B. bei Tamagoyaki). Allerdings sollte reiner Zucker kein richtiger Ersatz für Mirin sein. Der Geschmack und die Süße sind deutlich verschieden.

Beim Kauf von Sojasoße sollte man auf eine japanische Marke achten, die schmecken nämlich anders als z. B. chinesische Marken. Man unterscheidet allgemein zwischen Shoyu und Tamari. Ersteres enthält Weizen und ist milder. Zweiteres besteht nur aus Sojabohnen, Wasser und Salz und ist stärker im Geschmack.

Reisessig, milder Essig aus Reis

Reisessig wird zum Würzen von Sushireis, von Nudel- und Salatsoßen sowie für zahlreiche Tsukemono (eingelegtes Gemüse japanischer Art) benötigt. Er ist milder als normaler Essig.

Sesam, schwarz und weiß

Sesamöl, dunkles Öl aus gerösteten Sesamkörnern

Tahin, Paste aus gemahlenen Sesamkörnern

Sesam ist in japanischen Gerichten sehr beliebt. Man sollte darauf achten, dass man den Sesam vorher anröstet, denn nur so entwickelt er sein wahres Aroma. Gemahlen oder in ganzen Körnern Körnern wird er gerne sowohl auf deftige als auch auf süße Speisen gerne gestreut.

Asiatisches Sesamöl ist sehr aromatisch, da es aus geröstetem Sesam herge-stellt wird. Man benutzt es nicht zum Braten, sondern gibt davon ein wenig auf die fertige Speise. Sehr beliebt ist Sesamöl in Suppen, in Soßen, bei Bratreis und Wokgerichten.

Sesampaste wird in der japanischen Küche gerne für Soßen verwendet. Man findet sie in den meisten Asialäden und Bioläden unter dem Namen Tahin. Sesampaste kann man auch selbst herstellen, indem man geröstete Sesamkörner in einem Mörser zerreibt.

Miso, würzige Paste aus fermentierten Sojabohnen

Miso wird aus Sojabohnen hergestellt. Es gibt aber auch Sorten, die mit einem Anteil von Gerste (Mugi) oder Naturreis (Genmai) hergestellt werden. Diese Paste gibt es in verschiedenen Stufen – je nach „Reife". Je dunkler das Miso ist, desto salziger ist es. Miso wird zum Würzen und als Suppenbasis verwendet. Misosuppe ist wohl das bekannteste Gericht. Dressings, Dips und Marinaden mit Miso sind ebenfalls sehr beliebt.

Japanische Worcestershiresauce

Diese dunkle Soße findet man auch unter dem Namen Okonomiyaki-, Yakisba-, Tonkatsu- oder Bulldogsoße. Im Grunde unterscheiden sich diese Soßen nur leicht in der Süße oder im Salzgehalt. Man verwendet sie in zahlreichen typischen japanischen Gerichten wie Korokke, Okonomiyaki, Yakisoba, Yakiudon, Tonkatsu oder Takoyaki. Sie ist also sehr beliebt zu Gebratenem oder Frittiertem.

Kewpie, japanische Mayonnaise

Damit ist meistens die Mayonnaise der Marke Kewpie gemeint, obwohl es noch einige andere Marken in Japan gibt. Im Vergleich zu westlicher Mayonnaise hat sie einen höheren Eianteil und ist nicht so sauer.

Mayonnaise ist in der japanischen Küche nicht wegzudenken. Sie kommt fast überall drauf wie z. B. bei Okonomiyaki, Yakisoba, Takoyaki und selbst auf Pizza und Sushi ist sie sehr beliebt. Man kann damit auch Sesamsoßen für Nudelge-richte, Salatsoßen mit Miso oder Onigirifüllungen aufpeppen.

Dashi, japanische Brühe

Dashi ist die Bezeichnung für eine japanische Brühe aus Fischflocken und Algen. Es gibt auch Brühen aus getrockneten Shiitake, Sardellen oder Muscheln. Die Standard-Brühe wird jedoch meist aus Katsuobushi- bzw. Bonito-Flocken (ein speziell getrockneter Thunfisch, der in Flocken gehobelt wird) und Kombu-Algen gekocht und ist im Prinzip die Grundbrühe für eine Misosuppe, bevor man das Miso hinzufügt.

Dashi wird als Grundlage für viele andere Suppen wie z. B. Soba- oder Udon-Nudelsuppen verwendet. Es kommt auch sehr oft als würzendes Element (wie bei uns Gemüsebrühpulver) zum Einsatz z. B. in den Teig von Gerichten wie Okonomiyaki oder Takoyaki. Normalerweise bekommt man Dashi als Pulver oder Granulat. Meistens handelt es sich dabei nur um Katsuobushi-Brühe. Das heißt, wer eine Brühe für Misosuppe kochen möchte, sollte auf jeden Fall ein Stück Kombu dazulegen oder sich Kombu-Dashi-Pulver besorgen.

Panko, japanisches Paniermehl

Panko besteht aus Weißbrotflocken ohne Rinde. Deswegen ist es sehr fluffig und weiß. Panko wird in sehr vielen Panierrezepten verwendet. Z. B. bei Korokke (japanische Kroketten), Tonkatsu (japanisches Schnitzel) oder Ebi-Fry (panierte Garnelen). Beim Kauf sollte man auf die Größe der Weißbrotflocken achten. Je größer sie sind, desto fluffiger wird die Panade.

Kare-Roux, Gewürzpaste für japanisches Curry

Diese Zutat gibt es meistens in flachen Papierschachteln. Man kann damit nicht nur Kare-Raisu (Curry-Reis), sondern auch Kare-Udon (Nudelsuppe mit Currysoße) und Kare-Pan (Curry-Brötchen) machen. Das typische Kare-Raisu serviert man sehr gerne mit Frühlingszwiebeln, eingelegtem Gemüse und in Panko panierten Zutaten wie z. B. Korokke, Tonkatsu oder Ebi-Fry. Zusätzlich zum Kare-Roux-Würfel würzen viele Japaner ihr Curry noch mit Ketchup, Tonkatsu-Soße, Joghurt, Sahne, Instant-Kaffee oder sogar Schokolade. Man kann auch mit Obst wie z. B. Apfel oder Banane verfeinern.

Nori, geröstete Algenblätter

Nori sind getrocknete und geröstete Algenblätter, die man von Sushi kennt. Auch für Onigiri (Reisbällchen) kann man Nori verwenden. Sie sind außerdem eine beliebte Einlage für Ramen. In Streifen geschnitten isst man sie zu kalten Soba-Nudeln und auch eingewickelt in einem Tamagoyaki sehen sie super aus!

Soba, japanische Buchweizennudeln

Somen, feine lange japanische Weizennudeln

Udon, dicke japanische Weizennudeln

Soba bestehen zu einem hohen Anteil aus Buchweizenmehl, weshalb sie eine dunklere Farbe haben. Sie eignen sich gut für Nudelsuppen (z. B. Kakiage-Soba) und auch kalt sind sie, vor allem im Sommer, ein Genuss!

Vorsicht: Soba werden aber nicht für das Gericht Yakisoba verwendet. Dieses heißt zwar so, allerdings werden für diese Nudeln chinesische Weizennudeln (Ramen-Nudeln) verwendet. Soba gibt es auch in den Sorten Cha-Soba (mit grünem Tee versetzt) oder in einer leichten Rosa-Tönung mit Umeboshi-Geschmack. Letztere Sorte findet man seltener. Cha-Soba hat eine tolle grüne Farbe und schmeckt am besten in kalten Nudelgerichten.

Somen werden bei ihrer Herstellung aus einem Teigklumpen nach und nach in die Länge gezogen und erst anschließend in die richtige Länge geschnitten. Sie sind super für kalte Gerichte und auch zu einer warmen Brühe werden sie im Winter gerne gegessen.

Udon sind ebenfalls Weizennudeln, aber dicker. Der Teig wird ausgerollt und danach mit einem großen Messer in breite, längliche Nudeln geschnitten. Udon kann man für Suppen, zum Braten und auch kalt genießen.

Anko, süße Bohnenpaste

Anko ist eine Paste aus süßen, gekochten Bohnen. Wenn die Paste rot ist, besteht sie meistens aus Azukibohnen. Es gibt aber auch Sorten aus weißen Bohnen (Shiro-An).

Anko ist in sehr vielen japanischen süßen Backwaren wie z. B. An-Pan, Taiyaki oder Dorayaki als Füllung vertreten. Das klassische Mochi ist ebenfalls mit Anko gefüllt. Azukibohnenpaste gibt es in unterschiedlichen Feinheitsstufen. Tsubu-An enthält noch ganze Bohnen. Bei Koshi-An sind die Bohnen fein püriert.

Matcha, japanisches Grünteepulver

Matcha ist eine der teuersten Teesorten überhaupt. Für sehr hohe Qualität zahlt man locker 30 bis 50 Euro für 30g. Kein Wunder, der Tee ist sehr aufwendig in der Herstellung und wurde früher nur in der japanischen Teezeremonie genossen. Matcha ist allerdings in Japan auch eine beliebte Geschmacksnote wie bei uns Erdbeere oder Schokolade.

Hochwertiger Matcha schmeckt sehr intensiv, süßlich und grasig. Guter Matcha sollte nicht bitter schmecken und eine besonders frische grüne Farbe haben.

Für Gebäck, Kuchen, Schokolade, Eiscreme, Getränke und allgemein Süßes wird der sogenannte Kochmatcha verwendet, der nicht die gleich hohe Qualität besitzt, aber selbst da reichen ein bis zwei Teelöffel um den vollen Geschmack zu erzielen. Es gibt dabei trotzdem sehr viele Qualitätsunterschiede, die sich dann in der Farbe oder im Geschmack zeigen. Gebäck und Getränke mit Kochmatcha sollten, je nach Dosis, einen schöne grüne Farbe und einen grasigen, satten, frischen Geschmack haben und nicht zu bitter schmecken.

Erscheint einem beim Einkauf der Matcha zu billig, handelt es sich wahrscheinlich um eine chinesische oder koreanische Fälschung. Bei diesen Sorten werden zwar auch Teeblätter genommen und gemahlen, diese wurden aber vorher nicht beschattet und in einem aufwendigen Verfahren verlesen. Für richtigen Matcha werden ausschließlich die Blattspitzen gepflückt.

Auf dem Blog gehts weiter!

Mit meinem Blog fing alles an. Seit über 6 Jahren schreibe ich regelmäßig über Bento, Japan und mehr. Es gibt zahlreiche Rezepte, Anleitungen und Tipps rund um die asiatische Küche. Ich reise außerdem gerne herum und teste japanische Restaurants und Asialäden. Schaut gerne mal vorbei! Über nette Kommentare freue ich mich natürlich besonders! :)

Bento-FAQ

Häufige Fragen meiner Blogleser an mich

Wie lange brauchst du für ein Bento?

Meistens etwa 30 Minuten. Ich packe in der Regel zwei identische Bento für mich und meinen Partner. Bento mit Onigiri dauern etwas länger.

Wann bereitest du das zu?

Meine Bentoboxen werden immer abends gepackt. Das macht jeder auf seine Weise. Viele bereiten alle Zutaten abends vor und packen die Box dann frisch am Morgen.

Kochst du für das Bento alles frisch?

Ich koche fast täglich frisch, für das Bento mache ich immer ein bisschen mehr, sodass ich es von meinem Abendessen abzwacken kann. Direkt frisch für das Bento koche ich seltener, kommt aber auch schonmal vor.

Meistens verarbeite ich Reste vom Abendessen in der Pfanne mit weiteren Zutaten, damit daraus ein neues Gericht entsteht oder ich brate schnell ein Ei oder ein paar Würstchen dazu.

Wie sieht es mit der Vorbereitung aus? Eingefrorenes/Fertiges?

Eingelegtes Gemüse kann man lange im Kühlschrank aufbewahren, das habe ich immer parat. Tiefkühl-Produkte wie Gemüse, Fischstäbchen, Frühlingsrollen oder Frikadellen nutze ich gern, um schnell noch etwas Zusätzliches für das Bento zu haben.

Meistens wird es schnell angebraten oder (bei Gemüse) blanchiert. Kleine Dinge wie Cherrytomaten, Gurke, Käse oder Würstchen kann man ebenfalls auf Vorrat kaufen und im Kühlschrank bereithalten. Der Rest besteht aus Dingen, die ich beim letzten Mittag- oder Abendessen übrig gelassen habe. Reis koche ich immer etwas mehr, sodass dieser für Bento oder Bratreis am nächsten Tag reicht. Genauso ist es bei Nudeln oder Kartoffeln.

Welches Zubehör benutzt du am häufigsten?

Silikoncups, natürliche Foodbaran und Soßenfläschchen sind meine Favoriten. Desweiteren wechsle ich gerne die Bentoboxen durch und hab eine große Furoshiki-Sammlung.

Isst du Bento immer kalt?

Ja, beziehungsweise hat es eher Zimmertemperatur. Alle Lebensmittel werden ja erst gut abgekühlt in die Bentobox gefüllt. Das verhindert vor allem Kondenswasser, welches viele Sachen matschig macht. Außerdem unterbindet das die Verbreitung von Keimen. Es gibt zwar spezielle Thermo-Bentoboxen, da kann man das Essen warm transportieren. Sie sind allerdings teuer.

Wenn man vor Ort die Möglichkeit hat, kann man einen Teil des Bento erwärmen (z. B. den Reis). Meistens gibt es diese Möglichkeit nicht, sodass die Speisen so konzipiert sind, dass sie auch kalt gut schmecken.

Wieviel Boxen sollte man für den täglichen Gebrauch haben?

Es reicht im Grunde ein oder zwei große Boxen und eine kleine Sidedishbox. So kann man immer eine mitnehmen, während die andere noch abgespült wird. Wie bei den meisten Hobbies ist es aber so, dass man irgendwann ins Sammelfieber gerät. Es gibt so viele verschiedene Modelle und Designs, sodass sich mit der Zeit immer mehr ansammelt.

Bei der Anschaffung sollte man möglichst Boxen in unterschiedlichen Formen und Größen kaufen, sodass man die Box je nach Inhalt wechseln kann. Für Nudelgerichte oder Salatgerichte eignen sich einstöckige besser, vor allem wenn man nicht so viele Beilagen (Sidedishes) hat. Wenn man klassisch mit Reis und vielen Beilagen arbeitet, ist eine zweistöckige Box praktischer, da man das Essen besser trennen kann.

Auf was muss man beim Einkauf achten?

Man sollte immer die Augen nach bentotauglichen Zutaten offenhalten. Kompakt und individuell portionierbar: Datteltomaten, Kirschtomaten, Snackpaprika, Kiwibeeren, Trauben, Wachteleier, Babybel, kleine Würstchen, kleine Bonbons, Nussmischungen, Trockenobst, Schokolade, einzeln verpackte Kekse und kleine Tiefkühl-Fertigprodukte.

Außerdem kann man immer wieder mal einen Topf mit frischen Kräutern mitnehmen, die geben dem Bento sehr viel mehr Frische und auch Geschmack.

Hast du auch schon kalte Suppen mitgenommen, wie Gaspacho oder andere Sommersuppen und wie hast du sie transportiert?

Ich persönlich habe das noch nicht gemacht. Es gibt Bentoboxen, die kleinen Thermosbehältern gleichen, die extra für Suppen konzipiert wurden. Ansonsten kann man jede wasserdichte, am besten runde, Frischhaltebox nehmen. Für mehr Frische gibt es die Möglichkeit ein Kühlpad zu der Box zu legen.

Bereitet wirklich jeder Japaner Bento selbst zu?

Es kommt auf die Person an. Wenn sie z. B. nicht kochen kann oder will, macht sie das natürlich nicht. Mittlerweile gibt es auch fertig gefüllte Bento im Supermarkt zu kaufen. Je nach Preisklasse sind sie sehr abwechslungsreich und kunstvoll.

Solche Bento sind in Wegwerfboxen aus dünnem Kunststoff oder Holz gefüllt.

Für Zuhause kann man verschiedenste portionierte Beilagen als Tiefkühlware kaufen und dann nur noch in die eigene Box geben. Sogar vorgekochten, abgepackten Reis kann man kaufen.

Der Reis in den Bentos wird doch mit Stäbchen gegessen, richtig? Aber ist das überhaupt so einfach möglich?

Genau, Japaner essen meistens ihr Bento mit Stäbchen. Aber auch Löffel oder Gabel sind möglich und werden genutzt. Stäbchen sind etwas praktischer, da man sie vielseitiger nutzen kann. Man kann mit Stäbchen eigentlich alles greifen (ausser Pudding oder Joghurt).

Beim Essen hält man die Bentobox so wie man eine Reisschale halten würde, also mit der linken Hand immer in Brusthöhe. Man führt dann mit der rechten Hand den Reis in den Mund. Letzte Reiskörner können auch in den Mund geschaufelt werden. Das kann man besonders gut bei zweistöckigen Bentoboxen anwenden, wo meist ein Behälter nur mit Reis gefüllt ist. Der andere Teil mit den Beilagen darf auf dem Tisch oder auf den Knien liegen.

Online-Bezugsquellen

In dieser Liste findet ihr einige Onlieshops, die sich auf Bento oder japanische Lebensmittel spezialisiert haben. **Achtung:** Bei Onlineshops aus dem Ausland sollte man auf Zollgebühren achten!

Für Bentoboxen:

www.bentoshop.de

www.origami-papier.eu

www.monbento.de

www.japanwelt.de

www.neotokyo.de

www.bentoandco.com

www.jlist.com

www.casabento.com

www.modes4u.com

www.akazuki.com

Für japanische Lebensmittel:

www.dae-yang.de

shochiku-online.com

www.japan-feinkost.de

www.japancentre.com

www.japan-lebensmittel.de

Lesenswerte Bento-Blogs und -Webseiten

Die Bentoszene im Internet ist groß, zahlreich und bunt. Wer auf der Suche nach weiteren Rezepten und Inspirationsquellen ist oder bestimmte Fragen zum Thema Bento und japanischer Küche hat, ist herzlich eingeladen folgende Blogs und Webseiten zu besuchen:

Deutschsprachige Seiten:

www.bento-lunch-blog.de	www.bento-und-mehr.de
einfachbento.wordpress.com	thisisbento.wordpress.com
blog.leckerbox.com	lecker-bentos-und-mehr.blogspot.de
bento.helke.de	lunchboxdiary.com
bento-mania-2010.blogspot.de	www.bento-daisuki.de
blackiisbentoblog.blogspot.de	www.bento-forum.de
bohnenhase.blogspot.de	www.nekobento.com

Englischsprachige Seiten:

www.justbento.com	www.annathered.com
soulsoupsoap.blogspot.de	littlemissbento.com
happylittlebento.blogspot.de	lunchinabox.net
bonitofood.blogspot.de	www.aibento.net
bentomonsters.com	wendolonia.com/blog
cookinggallery.blogspot.de	

Herzlichen Dank!

Mein Dank gilt den Leuten, die mich bei der Arbeit am Bento Lunch Buch unterstützt und jederzeit an mich geglaubt haben:

Benjamin Vogel, Cam Tien Nguyen, Sarah Weiter, Raluca-Mirela Miron, Viola Mezera, Rita Bauer-Vogel, Tilman Zitzmann, Sibylle Schenker, Annette Köhn, den drei Fragezeichen, Terry Pratchett und meine Familie.

Desweiteren möchte ich meinen Blog-Lesern für die jahrelange Unterstützung und Treue danken! Ihr seid die Besten! :)

Impressum:

Illustratorin und Foodie aus Leidenschaft:
Cam Tu Nguyen
Portfolio: camtung.tumblr.com
Foodblog: bento-lunch-blog.de

Herausgegeben von:
Jaja Verlag
Fein illustrierte Machwerke
www.jajaverlag.com

Zweite Auflage
Berlin, Januar 2016
Druck: Balto Print, Vilnius, Litauen
ISBN: 978-3-943417-74-6